Ein
Löffel
Honig

Lene Mayer-Skumanz, geb. 1939, seit 1965 freie Schriftstellerin. Zählt zu den bedeutendsten Kinder- und JugendbuchautorInnen Österreichs und ist weit über dessen Grenzen hinaus bekannt.

Birgitta Heiskel, geb. 1962, Studium an der Hochschule für Bildende Künste in Braunschweig, seit 1990 freischaffende Illustratorin, bereits mehrfach ausgezeichnet.

Kathrin Wexberg, geb. 1978, Studium der Germanistik in Wien, wissenschaftliche Mitarbeiterin der STUBE (Studien- und Beratungsstelle für Kinder- und Jugendliteratur).

6. Auflage 2025

Exlgasse 20, A-6020 Innsbruck
Umschlagillustration: Birgitta Heiskel
Satz- und Layoutgestaltung: Nele Steinborn, Wien
Schriften: Swift Neue Pro, Akko Pro, Kandira
Druck und Bindung: Florjančič, Maribor
ISBN 978-3-7022-3726-4
E-Mail: buchverlag@tyrolia.at
Internet: www.tyrolia-verlag.at
Social Media: Tyrolia Verlag Kinderbuch

FSC www.fsc.org
MIX
Paper | Supporting responsible forestry
FSC® C106954

Lene Mayer-Skumanz | Birgitta Heiskel

Ein Löffel Honig

Eine Geschichte zur Erstkommunion

Bearbeitet von Kathrin Wexberg

Tyrolia-Verlag • Innsbruck-Wien

1

Sie sitzen im Kreis auf dem runden bunten Teppich, sechs Kinder und Ulli mit ihrer Gitarre. In der Mitte brennt die Gruppenkerze. „Lalala la la“, trällert Ulli. „Pling-pling“, zirpt die Gitarre. Die Kinder singen: „Wenn einer sagt: Ich mag dich, du …“

Julia wippt im Takt. Sie singt gern. Sie mag es, wenn Ulli Gitarre spielt. Der Kerzenschein gefällt ihr. Sie haben den Vorhang vors offene Fenster gezogen, damit das helle Frühlingslicht aus dem Pfarrgarten den schwachen Schein der Kerze nicht überstrahlt.

„Lalala la la.“ Die zweite Strophe.

Warum flackert die Kerze?

Der Vorhang bauscht sich im Luftzug. Da hat jemand die Tür geöffnet. Julia ärgert sich. Ausgerechnet jetzt, wenn es gemütlich wird!

Der Pfarrer kommt mit eiligen, kleinen Schritten. Er ist ein zarter, alter Mann, und seine Stimme klingt sanft: „Ich möchte nicht stören, aber …“

Doch, denkt Julia, du störst.

„Ich will euch nur schnell Grüß Gott sagen.“ Der Pfarrer rückt einen Sessel heran, es ist ihm zu beschwerlich, auf dem Boden zu sitzen. Seine Augen wandern im Kreis, von Kind zu Kind. „Der Tarek, der David, die Mirella, die Hanna, der Stefan, die Julia. Schön, dass ihr alle da seid. Tarek, wie geht es deinen Eltern?“

Tarek erschrickt. „Gut, wieso?“

„Ich hab sie beim Elternabend vermisst.“

Tarek wird rot. „Sie haben keine Zeit gehabt.“

„Wenn sie mich besuchen wollen – es gibt doch einiges zu besprechen vor der Erstkommunion. Und ich finde es immer schade, wenn ich die Eltern nicht kenne.“

Mirella kichert und wirft einen bedeutungsvollen Blick zu Stefan, aber der Pfarrer sagt schnell: „Oder die Großeltern. Von Stefan waren beide da, die Oma und der Opa, das hat mich gefreut.“

Ullis Gitarre zirpt leise in die Stille hinein: „Plim-plim.“

„Wobei hab ich euch gestört?“, fragt der Pfarrer. „Was habt ihr gerade gemacht?“

„Gesungen!“, ruft Julia.

„Ach ja … Singen, das ist gut. Auch zur Zeit von Jesus haben die Menschen oft gesungen. Das haben sie gern gemacht.“ Der Pfarrer blickt neugierig in die Runde. „Was macht ihr denn besonders gern? Was ist für euch das Schönste am Tag? Habt ihr darüber schon einmal nachgedacht?“

„Zip-zip“, klingt die Gitarre.

Ulli lächelt und sagt: „Wer von euch mag erzählen, was am schönsten ist?“

„Catchen mit meinem großen Bruder!“, ruft David.

Im selben Augenblick sagt Hanna: „Schmusen mit meiner Babyschwester!“

Die Kinder lachen. Julia denkt an ihren kleinen Bruder und sagt: „Warte, Hanna, bis sie größer wird. Sie sind nur am Anfang süß.“

Der Pfarrer runzelt die Stirn, seine Haut sieht aus wie geknittertes dünnes Papier. „Catchen?“, wiederholt er. „Willst du so gern zeigen, wie stark du bist?“

„Nicht deshalb!“, sagt David. „Aber beim Catchen ist was los. Da spürt man was. Das Zweitschönste für mich ist, wenn mein großer Bruder mich an den Computer lässt. Da erwische ich sie alle. Peng, peng, tatatata!“

Der Pfarrer schaut Ulli an, Ulli seufzt und fragt Mirella: „Was ist für dich am schönsten?“

„Wenn Mama und Papa Zeit haben und ich ihnen erzählen kann, was wir alles in der Schule gemacht haben.“

„Du hast es gut!“, sagt Julia. „Meine Eltern haben immer so viel zu tun und hören mir nicht richtig zu.“

Mirella streckt und dehnt sich, kichert und sagt: „Deswegen darfst du mir aber nicht neidisch sein. Sonst musst du es beichten.“

„Wer sagt denn das?“, fragt der Pfarrer.

„Meine Omi.“

Wieder schaut der Pfarrer Ulli an.

„Plim! Plim!“ Die Gitarre zirpt ungeduldig.

„Und du, Julia?“, fragt Ulli. „Was findest du am schönsten?“

Julia zuckt die Schultern.

„Aber irgendwas wird dir doch einfallen?“, sagt der Pfarrer.

„Mir fällt schon was ein, aber ich sag’s nicht!“

„Das ist in Ordnung, Julia!“, ruft Ulli schnell. „Vielleicht mag der Stefan etwas erzählen?“

Stefan nickt ein paarmal, wie immer, wenn er etwas Wichtiges sagen will. Dann erst macht er den Mund auf: „Wenn der Opa mir einen Löffel Honig gibt.“

„Was, echt? Gummibären schmecken doch viel besser!“, meint David.

„Blödmann!“, sagt Stefan. „Du weißt eben nicht, wie das ist.“

„Süß, oder? Was soll Besonderes dran sein?“

„Aber ich krieg den Löffel Honig im Bienenhaus vom Opa. Und rundherum summen die Bienen.“

Julia schüttelt sich. „Hast du keine Angst vor den Bienen?“

„Nein. Nicht mehr. Sie stechen dich nur, wenn sie spüren, dass du Angst hast. Sie riechen die Angst, das macht sie nervös.“

„Mir scheint, Stefan, du wirst einmal so ein tüchtiger Imker wie dein Großvater“, sagt der Pfarrer. „Jaja, seine

Bienen, die waren jetzt eifrig zu Besuch bei uns im Pfarrgarten." Ein leichtes Lächeln huscht über sein Gesicht. „Wer ist jetzt dran? Tarek, was findest du am schönsten den ganzen langen Tag?"

„Wenn sich die Katze von mir streicheln lässt."

„Ja, das ist schön", sagt Julia. „Und du, Ulli? Jetzt bist du dran!"

Ullis Finger streichen über die Saiten der Gitarre. Es klingt wie ein Lachen von weit her. „Das Schönste? Es gibt so viel Schönes. Zum Beispiel, wenn ich mit meinem Freund am Abend spazieren gehe, den Föhrenweg zur Ruine hinauf."

„Und wenn ihr euch küsst", sagt Julia. „Ich habe euch beim Küssen gesehen, vorgestern."

„Natürlich“, Ulli nickt und lächelt. „Das Küssen, das gehört zum Schönsten dazu. Auch miteinander Kochen ist schön. Aber jetzt ist der Herr Pfarrer dran.“

Der wiegt den Kopf hin und her. „Ach, ich seh schon, mit dem, was für mich am schönsten ist, bin ich allein in dieser Runde.“

„Sagen Sie’s trotzdem!“, ruft Hanna.

„Am schönsten für mich ist es, wenn ich mit Jesus rede“, sagt der Pfarrer.

Die Kinder denken nach, dann meint Stefan: „Klar, dafür sind Sie auch Pfarrer!“

„Nein, nein, das sollte – oder könnte – für jeden Menschen das Schönste sein“, erwidert der Pfarrer. „Jesus hört immer zu. Jesus hat immer Zeit und Geduld.“

„Eben“, sagt Tarek. „Die Katze lässt sich nur streicheln, wenn sie zufällig Lust hat!“ Und mit einem Seufzer fügt er hinzu: „Aber dann schnurrt sie …“

„Jesus schnurrt nicht. Nein, das tut er nicht“, murmelt der Pfarrer, als rede er mit sich selbst. „Man kann Gott nicht anfassen, nur in Gedanken … Ihr wisst doch, Kinder, dass Jesus gern mit seinem Vater im Himmel gesprochen hat. Wisst ihr auch, wie er ihn genannt hat?“

„Na, Vater unser“, sagt Stefan.

„Richtig. Aber genau genommen hat er sogar *lieber Papa* gesagt.“

Die Kinder starren den Pfarrer an. „Echt?"

„Ja. *Abba* heißt das auf Aramäisch, der Sprache, die Jesus gesprochen hat. So nennen Kinder ihren Vater."

„Wenn sie ihn mögen", sagt Tarek.

„Was heißt *Gott* eigentlich?", fragt David. „Ist Gott ein Name oder ein Beruf?"

„Wie kommst du darauf?", fragt der Pfarrer.

„Na, die Ulli hat uns erklärt: Jesus ist der Taufname und Christus ist der Beruf. Der Job sozusagen. Erlöser und Retter. Jesus, der Christus. Aber was heißt *Gott*?"

„Das ist ein Name, den wir Menschen uns ausgedacht haben", sagt der Pfarrer. „Die Menschen haben viele Namen für Gott, bei jedem Volk heißt er anders. Aber in der Bibel wird erzählt, wie Gott dem Mose seinen Namen gesagt hat. Wer kennt die Geschichte vom brennenden Dornbusch?" Die Kinder schweigen. Der Pfarrer schaut Ulli an. „Erzählen Sie, Ulli!"

Ulli erzählt: „Als Mose in der Steppe die Schafe hütete, sah er eines Tages plötzlich einen Dornbusch brennen. Komisch, dachte er. Der Busch brennt, aber er verbrennt dabei nicht! Das muss ich mir genauer anschauen. Und er ging hin. Da hörte er eine Stimme aus dem brennenden Dornbusch: Mose, bleib stehen und zieh deine Schuhe aus, denn wo du stehst, ist heiliger Boden. Mose zog seine Schuhe aus, und dann redeten sie miteinander, Gott und Mose.

Und Gott trug ihm auf, das Volk Israel aus der Gefangenschaft in Ägypten zu führen. Mose zögerte und meinte, wenn ich für dich zu den Menschen gehen soll, muss ich wissen, wie du heißt. Da nannte Gott seinen Namen: Ich bin der Ich-bin-da."

„Ich-bin-da", sagt der Pfarrer. „Ein schöner Name, der eigentlich alles sagt, oder? Es ist aber so: Im Alten Testament, also dem ersten Teil der Bibel, den auch Jesus selbst gekannt hat, wurden für Gott die vier Buchstaben JHWH verwendet, aber aus Ehrfurcht nicht ausgesprochen. Um jedoch auszudrücken, dass Gott immer noch viel mehr und anders ist, als wir uns vorstellen können, haben sich die Menschen weitere Bezeichnungen überlegt – der Ewige, zum Beispiel, oder der Lebendige. Stellt euch vor, es gibt sogar eine Ausgabe der Bibel, in der Gott auch als Mutter oder die Heilige benannt wird! Ein ganz ein spannendes Thema …"

Der Pfarrer richtet sich auf. „Aber jetzt hab ich euch lang genug aufgehalten. Ich darf doch nicht die ganze Gruppenstunde mit euch verplaudern. Ulli, kommen Sie nachher noch in die Pfarrkanzlei?" Er nickt allen zu und mit seinen kleinen, eiligen Schritten verlässt er das Zimmer. Die Kerze flackert.

„Ich hab das Gefühl, wir sollten ihm eine Katze schenken", sagt Julia und gähnt. „Oder ein Meerschweinchen. Irgendwas mit einem weichen Fell."

„Recht hat meine Julia!", ruft Ich-bin-da und lacht.
Das Lachen rollt durch die Welt wie ein goldener Ball, wandelt sich und fliegt und flattert falterzart über die Gänseblümchen im Pfarrgarten.
„Geduld", sagt Ich-bin-da „Geduld. Zur rechten Zeit werden sie Lust bekommen, mit mir zu reden: mein Tarek, mein David, meine Mirella, meine Hanna, mein Stefan, meine Julia. Und zur rechten Zeit wird mein Pfarrer Sebastian Lust bekommen, sich mit einer meiner Katzen anzufreunden …"
Ein sonnengelber Schmetterling flattert über die Wiese im Garten. Hinter ihm her schleicht eine magere weiße Katze. Sie springt und schlägt nach dem Schmetterling, aber sie erwischt ihn nicht.

Vor dem Pfarrhaus warten ein paar Frauen auf die Kinder. Julias Mutter ist dabei, mit Alexander im Buggy, und Mirellas Oma.

„Na, war's lustig?", fragt Julias Mutter.

„Habt ihr brav gelernt?", fragt Mirellas Oma.

Julia zuckt die Schultern und Mirella plaudert drauflos: „Für die Ulli ist das Schönste am Tag, wenn sie ihren Freund küsst, und Jesus hat zu Gott *lieber Papa* gesagt, und die Julia will nicht verraten, was für sie am schönsten ist. Das muss streng geheim bleiben."

Julia schaut Mirella böse an.

Aber die kümmert das nicht. Sie beugt sich zum kleinen Alexander und kitzelt ihn. „He, du, deine Schwester Julia hat keine Ahnung, wie süß du bist."

Julia steht daneben, den Kopf gesenkt. Sie hört, wie Mirellas Oma leise fragt: „Kennen Sie sich aus bei dieser Vorbereitung, Frau Malzer? *Lieber Papa* ... Haben Sie jemals sowas gehört? Und Küssen. Was sind denn das für Themen? Ich finde, diese Junge, diese Ulli, die übertreibt die Lockerheit. Und dieses grausliche Tattoo, das sie da am Arm hat, dass sich die Kinder so etwas anschauen müssen jede Stunde ... Ist Ihnen das nicht aufgefallen?"

„Nein", sagt Julias Mutter. „Julia, komm! Wir müssen noch schnell in den Supermarkt hinüber. Auf Wiedersehn, Frau Sedlacek. Baba, Mirella. So ein kleiner Bruder tät dir Freude machen, was? Tu schön winken, Xandi. Tu der Mirella winken ..." Julias Mama schiebt den Buggy energisch um die Ecke. Julia hat Mühe nachzukommen. „So, die sind wir los. Was war da mit einem Geheimnis, Julia?"

„Ach, gar nichts. Der Pfarrer hat uns gefragt, was für uns am schönsten ist. Ich hab keine Lust gehabt, was zu sagen." Julia trabt neben ihrer Mutter her. „Mama, was ist für dich am schönsten an einem Tag?"

Die Mutter denkt nach.

„Wenn du mit dem Xandi spielst?", fragt Julia.

„Nicht unbedingt“, sagt die Mutter. „Am gemütlichsten finde ich es, wenn alle gesund und friedlich sind, ihr schon im Bett, der Papa räumt die Küche zusammen, ich hör ihn rumoren und lege die Beine hoch und schau mir die Werbung an. Nicht die Nachrichten, die grässlichen, die kann ich gar nicht mehr sehen. Nein, die Werbung.“

„Papa sagt, die Werbung ist blöd.“

„Ist sie auch, Julia. Ich schau mir das an und freu mich, dass ich das alles nicht brauche. Das ist meistens der gemütlichste Augenblick des Tages.“

„Aber der schönste, Mama, der *schönste*?“

Die Mutter lacht. „Ich bin ja schon zufrieden, wenn es gemütlich ist.“

2

Eine Woche ist vergangen.

Julia zeichnet.

Sie zeichnet, wie ihre Familie den Sonntag verbringt. Das hat Ulli sich gewünscht.

Ulli sagt nie: „Macht das oder das bis zur nächsten Gruppenstunde, das gebe ich euch als Aufgabe!“ Nein, Ulli sagt: „Ich wünsch mir was von euch. Ich wünsch mir, dass ihr eure Familie zeichnet, wie sie den Sonntag verbringt.“

„Wünschst du dir das wirklich oder steht das in deinem Plan drin?“, hat Julia gefragt.

„Es … es steht in unserem Plan, als Vorschlag, und außerdem wünsch ich mir's.“

„Du wirst enttäuscht sein von den Zeichnungen.“

„Geh, warum denn, Julia? Ihr zeichnet doch alle gern!“

„Du wirst Augen machen, wart nur.“

Julia zeichnet und denkt an Ulli.

Sie hilft erst seit drei Wochen bei der Vorbereitung für die Erstkommunion. Sie ist als Tischmutter für Mirellas Mama eingesprungen. Eigentlich müsste sie „Bodenmutter“ heißen, denkt Julia. Denn meistens sitzen sie bei ihr nicht rund um den Tisch, sondern im Kreis auf dem bunten Teppich. Das wäre Mirellas Mama nicht eingefallen. Die war den ganzen Winter über Tischmutter, aber im Frühling hat sie wieder Arbeit bekommen, jeden Nachmittag von zwei bis sechs, als Serviererin in der Café-Konditorei am Kirchenplatz. Seither macht Mirella an warmen Tagen ihre Aufgaben an einem Marmortisch im Garten der Konditorei. Und trinkt mit dicken weiß-gelb gestreiften Trinkhalmen Limonade, so viel sie nur mag! Und Eis kriegt sie, Berge von Eis in blauen Bechern, mit Palmen oder Papierschirmchen.

„Ja, *meine* Mama arbeitet in einem *feinen* Café", hat Mirella in der Gruppenstunde zu Stefan gesagt, und Stefan ist rot geworden und hat geantwortet: „Das Café, in dem meine Mutter arbeitet, ist viel toller!"

„Gar nicht wahr, es ist ein Nachtcafé, in dem die Betrunkenen herumtorkeln."

„Gelogen!"

„Nicht gelogen! Das hat mir meine Oma erzählt."

„Deine Oma ist eine blöde Kuh."

„Ruhe!", hat Ulli gerufen und ihr Gesicht war genauso rot wie das von Stefan. „Hier wird nicht gestritten, hier wird …"

„Der Stefan hat meine Oma beschimpft, das ist eine arge Sünde, die muss er beichten!", hat Mirella gesagt und dabei sehr zufrieden dreingeschaut.

Bevor Ulli noch einmal „Ruhe!“ rufen konnte, hat Julia sich eingemischt und Mirella gefragt: „Geht deine Oma wirklich in ein Café, in dem Betrunkene herumtorkeln?“

Mirella war verblüfft. „Bist du verrückt?“

„Na, wenn deine Oma das so genau erzählen kann …“

„Jetzt ist aber Schluss!“, hat Ulli geschrien. „Nehmt eure Mappen! Das Blatt mit der Weckeruhr! Habt ihr sie zu Hause schön angemalt? Zeigt her! Super … und was haben wir dazu geschrieben? Julia, lies vor!“

„Gott hat mir eine innere Stimme gegeben: das Gewissen. Wir wollen auf die Stimme hören!“

„Richtig, Julia. Das Gewissen weckt uns auf wie ein verlässlicher Wecker. Es ermahnt uns zum Beispiel, wenn wir streiten und einander wehtun. Lasst uns etwas ausprobieren. Seid einmal ganz still. Augen schließen, tief atmen. Ganz tief. Haben wir heute die innere Stimme schon gehört? Was sagt sie uns? Wer mag davon erzählen? Julia, du? Aber nur, wenn du gern willst.“

Julia hat mit den Schultern gezuckt. „Es ist mir egal … Also, mir sagt die Stimme, dass der Stefan diesmal Recht hat und dass die Oma von der Mirella wirklich eine blöde …“

„Aus, es reicht mir jetzt! Das hat so keinen Sinn!“, hat Ulli gezischt und die Übung beendet. „Wie ausgemacht zeichnet ihr bis zum nächsten Mal eure Familie am Sonntag.“

Julia zeichnet.

Sie zeichnet den Sonntagvormittag: Der Vater liegt im Bett. Die Mutter spielt mit Xandi. Sie baut einen Turm aus Würfeln und er wirft ihn um. Claudia, Julias ältere Schwester, hat Kopfhörer auf. Sie wippt im Rhythmus auf und ab. Die Großmutter steht vor dem Herd und kocht. Sie schimpft mit Claudia, weil die nicht in die Kirche gehen will. Dies alles ist auf der linken Hälfte des Zeichenblattes zu sehen.

Julia spitzt die Buntstifte und zeichnet weiter.

Auf der rechten Hälfte des Blattes geht Julia in die Kirche, ganz allein. Über ihrem Kopf schwebt eine Gedankenblase wie eine Wolke. Dort hinein zeichnet sie einen grauen Felsen. Im Felsen ist eine schmale Öffnung, eine enge Höhle, und in der sitzt sie selbst, Julia, winzig klein, aber gut erkennbar an den rötlichblonden Haaren …

Julia schaut die Zeichnung an. Dann nimmt sie den Radiergummi und radiert den Felsen aus. Keiner braucht ihren Lieblingsplatz zu wissen, den Felsen hinter den beiden Föhren am Ende der Siedlung. Dort oben ganz allein zu sein – keiner fragt, keiner schimpft, keiner stört –, das ist das Schönste für Julia und das soll ein Geheimnis bleiben.

Xandi kommt gelaufen und sieht, dass Julia radiert.

„Xandi auch! Xandi auch!“ Er greift nach dem Radiergummi. Er will Julia das Zeichenblatt wegziehen.

Julia schiebt ihren Bruder weg. Nicht sanft, aber auch nicht grob.

Xandi fängt an zu brüllen.

Die Mutter steckt den Kopf zur Tür herein. „Was hast du dem Xandi getan?!"

„Ich hab ihm nichts getan. Er will mir was tun. Er sekkiert mich und nimmt mir den Radiergummi weg!"

„Oje, ja, das Radieren ist seine neueste Entdeckung. Er kann schon wunderbar radieren", sagt die Mutter. „Komm, Xandi, ich geb dir einen Radiergummi. Ich zeichne dir ein Auto, das darfst du wegradieren. Lass die Julia in Ruh. Was wird denn das?" Sie blickt Julia neugierig über die Schulter.

„Eine Zeichnung für die Ulli", sagt Julia. „*Meine Familie am Sonntag* soll sie heißen!"

„Lass sehen! Oh, Julia, warum zeichnest du nicht, wie die Oma und ich auch in die Kirche gehen?"

„Ihr geht ja so selten."

„Bei der Palmweihe waren wir! Und zu Ostern auch."

„Ich zeichne letzten Sonntag."

„Dann zeichne doch lieber, wie wir alle fröhlich um den Tisch sitzen und essen. Oder wie wir mit dem Papa in den Wildpark gehen."

„Ich zeichne den Sonntagvormittag."

„Müsst ihr das?"

„Nein, ich will es so." Julia hat den Felsen ausradiert. Die Gedankenwolke sieht nun ein bisschen schmutzig aus. Julia zeichnet eine Uhr hinein. Der große Zeiger steht auf zwölf, der kleine auf zehn. Um zehn ist die Kindermesse aus. Nach der Kindermesse geht Julia zu ihrem Felsen und darauf freut sie sich, wenn sie zur Kirche geht.

„Julia, du bist ein stures Kind“, sagt die Mutter.

Julia steht auf und legt die Zeichnung in die Mappe.

„Ein Kind, das nicht hören will!“

Julia räumt die Mappe in die Lade.

Dann rennt sie in den Garten hinaus. Hinter den Himbeersträuchern ist ein ruhiger Winkel, den man vom Haus aus nicht sieht. Hier steigt Julia über den Zaun.

Ich-bin-da, der Lebendige, breitet vor Julia die Löwenzahnwiese aus: leuchtendes Grün und leuchtendes Gold. Der Wind weht vom Bach herüber. Er hat den Duft zu den Bienen geschickt. Schon summt die erste Biene heran. Der Wind streicht Julia sanft das Haar aus dem Gesicht. Julia atmet tief. Sie schaut die Wiese an. Sie bekommt Lust auf die Wiese. Schnell bückt sie sich und zieht Schuhe und Socken aus. Auf bloßen Füßen tappt sie durch das Gras.
„Ich bin begeistert von meiner Julia!", sagt Ich-bin-da, der Lebendige. „Wie wach sie ist! Wie stark sie ist! Natürlich wirkt sie auf manche Menschen ein bisschen eigenwillig. Aber diese Eigenschaft braucht sie dringend, wenn sie erwachsen ist und vor anderen Leuten ihre Meinung vertreten soll. Diese Frau weiß, was sie will, werden sie von ihr sagen."
„Sie hat ganz heiße Wangen vor lauter Ärger", raunt der Wind. „Ich kühle sie ihr."
„Tu das, sie soll sich wohlfühlen", sagt der Lebendige. „Das gehört zur Liebesgeschichte zwischen mir und meiner Julia."

(Ich-bin-da, der Lebendige, hat mit jedem Menschen eine eigene Liebesgeschichte.)
Julia läuft über die Löwenzahnwiese und spürt den Wind im Gesicht.
Sie denkt: „Hier ist es gut!"
„Es gefällt ihr!", jubelt Ich-bin-da, der Lebendige, und die heilige Lebensfreude schlägt einen Purzelbaum im Löwenzahn.

3

Am Wiesenrand gluckert ein schmaler Bach. Julia kennt die Stelle, wo man ihn auf flachen Steinen überqueren kann. Dann läuft sie das Feld entlang bis zum Föhrenweg, der von der Siedlung hinauf zur Ruine führt.
Unter der Woche ist es hier still, keine Wanderer, keine Autos stören Julia, wenn sie über die Föhrenäste auf ihren Felsen klettert.

Sie schmiegt sich in die kleine Höhle und presst die Handflächen gegen die Wände. Der Stein ist kühl und nicht zu rau und wenn man ihn genauer ansieht, merkt man seine feinen Farben und Schattierungen. „Mein Fels", sagt Julia. „Hörst du? Mein Fels bist du!"

Von hier oben hat sie einen schönen Ausblick, aber keiner kann sie sehen. Sie schaut durch die Föhrenzweige in den Himmel. Der ist hier blauer als über der Wiese. Gefiederte Wolken ziehen mit dem Wind.

Es ist so still, dass Julia den Bach bis hierher gluckern hört. Und die Bienen, wie sie summen. Und ihr eigenes Herz, wie es schlägt. In ihrem ganzen Körper spürt sie das Pochen, stark und gut, wie eine Welle wogt es durch sie und treibt sie an, unaufhörlich, und doch sitzt sie ruhevoll in ihrem Felsen. Die Föhrennadeln duften in der Sonne.

„Julia!“ Von weither ruft die Stimme.

Julia spitzt die Ohren. Sie hört Schritte den Weg herauf. „Tapp, tapp, tapp.“ Leichte, schnelle Schritte. Zwischen den Bäumen taucht eine kleine Gestalt auf. Stefan! Sie erkennt ihn am blonden Haar und an der Art, wie er geht. Was will der hier? Julia zieht die Beine an und schlingt die Arme um die Knie.

„Julia, du musst da irgendwo sein!“

Sie rührt sich nicht. Sie macht sogar die Augen zu, ganz fest. Stefans Schritte kommen ganz nahe, halten inne, drei, vier Atemzüge lang, gehen dann – tapp, tapp, tapp – weiter den Föhrenweg hinauf.

Als Julia die Augen öffnet, sieht sie Stefans Pullover zwischen den Föhrenstämmen leuchten. Stefan geht den Weg zur Ruine hinauf. Meint er, dass sie dort oben ist? Warum sucht er sie?

Julia wartet, bis Stefan hinter der Biegung verschwunden ist, dann steigt sie aus ihrer Höhle heraus auf den nächsten Ast und klettert leise und schnell zum Weg hinunter. Sie läuft zurück, den Feldrand entlang bis zum Bach, und setzt sich ins Ufergras. Wenn Stefan wirklich etwas will von ihr, kann er sie hier finden.

Stefan ist ein Jahr älter als die anderen Kinder in der Klasse, er wohnt noch nicht einmal ein Jahr bei seinen Großeltern in der Siedlung.

„Ich schau nicht länger zu", soll seine Großmutter zu Mirellas Oma gesagt haben (sagt Mirella). „Der Bub braucht mehr Ordnung und Aufsicht. Also nehmen wir ihn jetzt ganz zu uns. Er muss einfach pünktlich in die Schule gehen. Und in der zweiten Klasse kommt ja die Erstkommunionvorbereitung auch noch dazu ..."

Niemand weiß, wer Stefans Vater ist (sagt Mirella). Und seine Mutter hat dauernd Krach mit den Großeltern. Wegen der Arbeit in diesem Nachtcafé in Wien. Weil sie ständig einen anderen Freund hat. Weil sie *so eine* ist.

Julia weiß nicht, was es bedeutet, *so eine* zu sein. Aber es ist wohl etwas Ungutes.

„Also mit diesem Neuen, mit dem Stefan vom Bienenhaus, musst du dich nicht unbedingt näher anfreunden", hat Julias Mutter öfters gesagt, wenn sie bei Stefans Opa Honig kaufen war. „Du hast ja Hanna und die anderen."

Vielleicht haben auch die anderen Mütter ihre Kinder vor Stefan gewarnt. Denn keiner in der Klasse hat sich um Stefan besonders gekümmert. Die ersten Wochen nach Schulbeginn haben sie ihn sogar gehasst. Weil Stefan so angegeben hat mit seinen Sneakers und seinem Tablet und seinen Elektroautos und dem teuren Armband. Julia weiß noch, was die

Erwachsenen miteinander getratscht haben, wenn sie meinten, Julia höre nicht zu. (Und wie sie zugehört hat!) „Seine Mutter überschüttet ihn mit Geschenken, da kommt unsereins gar nicht mit.“ Und: „Jaja, so eine kann sich’s leisten.“

Stefans Oma war sehr verärgert über die Redereien. Als erstes hat sie dem Stefan verboten, das Tablet in die Schule mitzunehmen. Dann hat sie ihm schlichte, schwarze Sportschuhe gekauft. Bis Weihnachten hat es gedauert, bis sie Stefan dazu gebracht hat, das teure Armband nicht mehr zu tragen.

„Was ist, hast du dein Armband verloren?“, hat Julia damals gefragt. „Nein, aber meine Oma hat gesagt, es ist so wertvoll und in der Schule könnt ich’s verlieren“, hat Stefan geantwortet. „Außerdem will sie kein Gerede in der Siedlung. Das ist ja hier wie in einem Dorf.“

„Ein Dorf mit Hochhäusern“, hat Julia gedacht.

Julia, Mirella und Stefan wohnen im Gartenteil der Siedlung, Hanna, Tarek und David wohnen in den Hochhäusern. Mirella sagt, wer in einem Hochhaus wohnt, wird krank. David sagt, wer ein Haus mit Garten hat, ist stinkreich. Ausgenommen das Haus von Stefans Großeltern, das ist eine Bruchbude, das müsste man niederreißen und neu aufbauen.

Bruchbude stimmt nicht, hat Stefan gesagt. Es hat viele schöne dunkle Verstecke und Winkel. Und das Bienenhaus hinten im Garten ist überhaupt super. Aber im Grunde ist es ihm egal, was über das Haus geredet wird, am liebsten möchte er ohnehin wieder daheim wohnen, bei seiner Mama …

„Julia, da steckst du!"

Stefan rennt quer über das Feld. „Wie bist du hergekommen? Hast du da irgendwo einen geheimen Platz?"

„Wie kommst du auf so etwas?", ruft Julia. „Spionierst du mir nach?" Wütend springt sie auf. „Was geht das dich an, wo ich bin?"

„Ich will ja nur … ich hab ja nur …"

Julia hört ihm gar nicht zu. Sie springt über die flachen Steine im Bach ans andere Ufer. Stefan hüpft hinterher.

Julia bleibt staunend stehen. Die Löwenzahnwiese hat sich verändert: Überall schwärmen und brausen Bienen!

„Hilfe, da kann man ja gar nicht gehen!" Sie schlägt mit den Händen um sich. „Habt ihr alle eure Bienen auf diese Wiese losgelassen?"

„Nicht so wild fuchteln, Julia! Ganz ruhig weitergehen. So wie ich!"

„Ach, du! Du redest dich leicht! Da krabbelt eine auf meinem Leiberl! Iiih!" Julia kreischt und dreht sich im Kreis. „Weg, du blödes Biest!"

Die Biene surrt aufgeregt. Sie landet auf Stefans Arm und sticht zu.

„Au, jetzt hat sie mich erwischt!"

„Was! Hat sie dich gestochen?"

Stefan nickt.

Julia hat den Gartenzaun erreicht. Ganz außer Atem lehnt sie sich dagegen. „Kannst du den Stachel sehen? Soll ich eine Pinzette holen?"

„Nein, das mach ich so …" Stefan wischt den Stachel mit dem Fingernagel seitlich aus der Haut. „So fließt das restliche Gift nicht gleich aus. Das hab ich vom Opa gelernt." Er hält ihr auf dem Zeigefinger den Stachel mit der winzigen Giftblase hin. „Siehst du?"

„Bäh! Grausliches Vieh!“

„Armes Vieh!“ Stefan schaut auf die Löwenzahnblüten hinunter, nickt ein paar Mal und sagt: „Irgendwo da unten liegt sie nun und stirbt!“

„Sie stirbt?“ Julia blickt ihn erstaunt an.

„Ja, mit dem Stachel ist sie in meiner Haut stecken geblieben. Sie hat sich losgerissen und sich dabei tödlich verwundet.“

„Ist das bei allen Bienenstichen so?“

„Ja. Nur bei Wespen bleibt der Stachel nicht hängen.“

„Stefan, das wollt ich nicht. Dass die Biene stirbt.“

„Meine Biene!“, sagt Ich-bin-da, der Ewige.

„Es hat nach Angst gerochen“, flüstert der Wind. „Nun riecht es nach Tod.“

„Komm zu mir, meine Biene!“, sagt Ich-bin-da, der Ewige.

„Nichts von dem, was ich gemacht habe, geht verloren.“

„Jetzt riecht es nach Trauer“, rauscht der Wind.

Die Föhren sagen es dem Felsen. Der Fels hält seine kleine Höhle bereit.

„Lasst meine Julia trauern!“, sagt Ich-bin-da, der Ewige.

„Es ist gut so. Sie muss das lernen. So wächst sie wieder ein Stück.“

Julia wischt sich eine Träne von der Wange. „Wie traurig …"

„Na ja", sagt Stefan. „Du weißt halt noch nicht so viel über Bienen, das ist es. Aber ich hab dich eigentlich wegen was ganz anderem gesucht. Kannst du mir helfen?" Er zieht ein zerknittertes Stück Papier aus der Hosentasche und wickelt es auf. Ein buntes geknüpftes Armband liegt darin.

„Das hat mir meine Mama geschickt. Statt dem teuren Armband."

„Schön", sagt Julia.

„Aber ich kann das Band nicht alleine zuknoten."

„Warum fragst du nicht deine Oma?"

„Weil sie dann wieder über die Mama lästert."

„Na dann, gib her, ich bind's dir zu."

4

Beim Elternabend im Pfarrhaus haben die Eltern darüber abgestimmt, ob die Kinder bei der Erstkommunion Kutten oder Kleider und Anzüge tragen sollen. Die Mehrheit war für festliches Gewand statt einheitlicher Kutten.

„Gut so“, sagt Julias Oma. „Man will doch ein Fest ordentlich feiern. Zu einem Fest gehört ein schönes Kleid dazu.“ Sie richtet Claudias Erstkommunionkleid, das die Mutter in einer Schachtel sorgfältig aufbewahrt hat, nun für Julia her. Es reicht Julia bis zum Knie und ist aus weißem Stickereistoff.

„Die Mirella bekommt von ihrer Mutter ein bodenlanges Kleid.“

„Genäht?“

„Nein, gekauft.“

„Die sind sündteuer und nicht so schön. Außerdem – bodenlang? Bodenlang wird einmal dein Brautkleid sein. Wirst sehen, wie hübsch du in dem kurzen, weiten Rock bist.“

Die Oma hat Schneiderei gelernt, und sie näht alles, was in der Familie gebraucht wird. Sogar Herrenanzüge. Seit der Opa gestorben ist, wohnt sie nur noch selten in ihrem kleinen

Haus in der Steiermark. Sie reist zu den Familien ihrer vier Söhne und näht.

„So eine Oma ist praktisch, was? Ich freu mich, wenn ich gebraucht werde. So wird euer Dachausbau schneller fertig, weil auch die Mama mitarbeiten kann. Wenn dein Zimmer fertig ist, näh ich dir einen schönen duftigen Vorhang mit Rüschen, ja?“

„Na ja … wenn ich überhaupt einen brauche.“

„Aber natürlich brauchst du einen. Wie schaut denn ein Fenster ohne Vorhang aus?“

„Aber mein Zimmer geht aufs Feld hinaus, man sieht bis zu den Föhren und den Felsen. In der Nacht werde ich die Sterne sehen.“

„Gut, dann nur seitliche Vorhänge, vielleicht mit einer bunten Borte gerafft und …“

„Überhaupt keine Vorhänge!“

„Julia, hör auf, mit dem Fuß zu stampfen. Du weckst den Xandi und deine Mama ist heilfroh, dass er schläft. Ich finde, du bist ein undankbares Kind. Da rackert man für dich und du legst keinen Wert darauf. Denk dran, was ihr bei eurer Ulli gelernt habt … über die Gewissenserforschung. Es steht in deiner Erstkommunion-Mappe! Warte, ich glaub, ich weiß es auswendig: Vater und Mutter sind meine liebsten Menschen, ich will sie ehren und ihnen dankbar und gehorsam sein. Und natürlich sind da die Großeltern mitgemeint!“

„Das haben wir aufschreiben müssen, als noch die Mirella-Mama unsere Tischmutter war. Oma, wieso weißt du, was in meiner Mappe steht?“

„Ach, ich hab sie mir einmal angesehen, als du in der Schule warst.“

„Das ist *meine* Mappe!“

„Aber die ist doch kein Geheimnis, oder? Julia, es hat mich interessiert, was ihr so lernt. Ich hab zu meiner Zeit die zehn Gebote aufsagen müssen, und dein Papa hat gelernt, dass es dreierlei Sünden gibt: Sünden zu Hause, Sünden in der Schule, Sünden auf der Straße. Meinetwegen, auch eine Einteilung. Aber einmal ist dein Papa ganz verlegen nach Hause gekommen und hat mich gefragt: Du, Mami, wenn ich mein Jausenbrot, das du mir zu Hause eingepackt hast, in der Schule nicht aufessen kann und auf der Straße in einen Mistkübel werfe – was für eine Sünde ist das dann? Eine zu Hause, in der Schule oder auf der Straße? Na, hab ich gesagt, das weiß ich auch nicht, aber wenigstens verstehst du, dass man Brot nicht wegwerfen soll. Und ich verstehe, dass ich dir weniger Brot mitgeben muss … So, schlüpf jetzt noch einmal in das Kleid, ich muss den Saum abstecken!“

Julia zieht das weiße Stickereikleid an. „Oma, meinetwegen hätt’ ich auch eine Kutte getragen.“

„Aber geh!“

„Auch der Stefan und der David. Vom Tarek weiß ich es

nicht, der redet nie über solche Sachen. Ich wäre schon deshalb für Kutten, weil dann die Mirella mit ihrem langen Kleid nicht so angeben kann."

„Du bist ein garstiges Kind! Claudia, hör dir das an: Die Julia will eine Kutte tragen, nur um ihrer Schulkollegin die Freude an einem langen Kleid zu vermiesen."

Claudia wippt ins Zimmer herein, nimmt die Kopfhörer ab und lässt sich die Geschichte noch einmal erzählen. Sie lacht. „Typisch Julia! Dabei ist sie genauso eitel wie die Mirella. Stundenlang steht sie vor dem Spiegel und zählt ihre Sommersprossen."

Julia schaut ihre Schwester böse an. „Du stehst noch viel länger! Da!" Sie versetzt Claudia einen Fußtritt. Claudia rettet erst ihre Kopfhörer, dann gibt sie Julia eine Ohrfeige.

Die Oma kreischt: „Julia! Raufen im Erstkommunionkleid, da hört sich doch alles auf!"

Xandi wacht auf und fängt zu brüllen an, weil ihn keiner aus dem Gitterbett holt. Die Mutter kommt aus dem Dachgeschoß herunter. „Was ist denn da los?"

„Ach, ich weiß nicht", brummt die Oma. „Die Kinder sind zueinander wie Hund und Katz'."

„Es wird alles besser werden, wenn jede ihr eigenes Zimmer hat", sagt die Mutter und nimmt Xandi aus dem Gitterbett. „Julia, lass dich anschauen! Bildhübsch, wirklich! Genauso schön wie damals die Claudia! Toll, wie du das machst,

Oma! Da fällt mir ein: Die Mutter von der Hanna hat mich angesprochen, weißt du, die Familie aus dem zweiten Hochhaus, ob du vielleicht Zeit hättest, der Hanna auch ein Kleid zu nähen. Für die Erstkommunion. Ihr Mann hat von einer Reise so wunderschöne geklöppelte Spitzen mitgebracht und ein feiner weißer Batiststoff wär' auch vorhanden …"

Die Oma schaut erfreut drein. „Klöppelspitzen! So etwas würde ich gern einmal verarbeiten. Na, dann bring die Hanna doch einmal mit, Julia. Ist sie ein nettes Kind?"

„Sie könnte meine Freundin sein, wenn sie nicht die Freundin von der Mirella wäre … Ihr neuer Vater, der Mario, ist sehr lieb."

„Ein neuer Vater?", fragt die Oma.

„Die Eltern sind geschieden", erklärt die Mutter, „und ihre Mama hat wieder geheiratet."

„Die Hanna hat nun zwei Väter", sagt Julia. „Ihren echten, den sie alle vierzehn Tage trifft, und den Mario. Sie sagt, sie mag beide."

„Dann ist es ja gut", sagt die Oma, aber irgendetwas in ihrem Gesicht – vielleicht die Falte zwischen ihren Augenbrauen – zeigt, dass sie es doch nicht so gut findet.

Julia geht in das Kinderzimmer, das sie mit ihrer Schwester teilen muss. Später wird Xandi hier schlafen, sobald er ein großes Bett braucht. Dann werden die Räume unter dem Dach aber längst fertig sein. Julia kann es kaum mehr erwarten.

Sie holt die Mappe aus der Lade, die Ringmappe mit der Vorbereitung für die Erstkommunion. Die Blätter sind bunt und fröhlich verziert, aber was auf ihnen geschrieben steht, macht Julia Sorgen.

Julia blättert in der Mappe. Auf einem Blatt sind vier himmelblaue Wolken gezeichnet. In jeder Wolke steht das Wort *heilig*. Darunter ist in leuchtendem Gelb ein Dreieck gezeichnet, darin steht das Wort *Gott*. Goldene Strahlen umgeben das Dreieck. Julia erinnert sich: Damals hat sie Mirella um den goldenen Buntstift gebeten, aber die wollte ihn nicht verborgen. Da hat Mirellas Mama, damals noch Tischmutter, gesagt: „Mirella, gerade du solltest für alle ein Vorbild sein!"

Unter dem Gottes-Dreieck steht der Satz: „Gott ist der größte Schatz meines Lebens."

Dieser Satz macht Julia Sorgen. Er stimmt nicht. Nicht für Julia. Denn sie kann sich Gott so schwer vorstellen.

Wie ein lieber Vater? (Das hat Mirellas Mama vorgeschlagen.) Julias Vater kann sehr lieb sein, aber meistens ist er müde und grantig von der Arbeit. Er arbeitet zu viel, in der Firma als Elektriker und bei Bekannten beim Hausbauen und zu Hause. Nichts als Arbeit. Er verdient damit auch heimlich Geld, im Pfusch. Aber das darf niemand wissen, weil Pfusch verboten ist. In den letzten Ferien hat er Julia Schwimmen beigebracht, daran erinnert sie sich gern. Wie er sie angefeuert hat: „Du schaffst es, Julia!"

Ist Gott wie ein Vater, nur noch viel lieber?

Nein, hat Ulli gesagt, Gott ist wie Vater und Mutter und Freund und Freundin zusammen, und noch viel mehr. Man kann ihn mit Menschenworten gar nicht beschreiben … Na schön, wieso hat Jesus ihn dann *lieber Papa* genannt?

Als Jude ist Jesus gewöhnt gewesen, Gott als Vater anzureden. Aber die zärtliche Anrede *Papa* – so zu sprechen, hat nur Jesus sich getraut. Zwischen ihm und Gott war eine liebevolle Verbundenheit, eine Gemeinschaft, wie sie sonst kein Mensch erfahren hat, hat Ulli gesagt. Das ist sein Geheimnis.

Gut, dann hätte Jesus in seine Erstkommunionmappe mit reinem Gewissen schreiben dürfen: Gott ist der größte Schatz meines Lebens.

Aber Julia?

Bestimmt ist die Familie, so lästig sie sein kann, eine Art Schatz für sie. Oder ihr eigenes Beet im Garten.

Ihr größter Schatz, der nur ihr gehört, ist der Fels hinter den beiden Föhren. Ihr Fels. Aber würde das irgendjemand verstehen? Ist es nicht eine Gemeinheit zu sagen: Der Fels ist mein größter Schatz, wenn doch Gott der größte Schatz sein soll?

Julia grübelt und grübelt, bis ihr einfällt: Aber Gott hat meinen Felsen gemacht. Mein Schatz, er ist vom lieben Gott gemacht wie alles auf der Welt, Sonne und Mond, Menschen, Bienen, alles.

Wenn Gott alles weiß, weiß er auch, dass Julia einen Felsen zum Schatz hat. Vielleicht hat er gar nichts dagegen? Wer weiß, vielleicht ist es Gott sogar ganz recht, dass Julia so viel Freude an ihrem Felsen hat?

Julia spürt auf einmal, wie ihr Herz klopft. Wild und stark klopft es. Mein Fels ist schön, denkt Julia. Die gelben Flechten oben, ein bisschen Moos, hellgrün, aber hauptsächlich der Stein, so gut zum Anfassen und in Farben, mehr als man zählen kann. Er ist schön, weil Gott ihn schön geschaffen hat.

Julia kann sich Gott noch immer nicht vorstellen. Aber *das* kann sie sich vorstellen: Es muss Gott großen Spaß gemacht haben, diesen Felsen zu erschaffen. Vor sehr langer Zeit. Hat er dabei gedacht, dass es einmal Julias Fels sein wird?

Hallo, Jesus, denkt Julia (man soll oft am Tag mit Jesus reden, hat Ulli gesagt), du, ich glaube, dein *lieber Papa* hat mir mit diesem Felsen Freude machen wollen.

Julia legt die Mappe in die Lade zurück.

Ihr ist ganz leicht ums Herz.

„Sie kommt mir auf die Spur", jubelt Ich-bin-da, der Heilige. „Mein Kind Julia, meine Freundin Julia. Ich bin von ihr ganz hingerissen. Ich wünsche mir, dass sie mich lieb hat. Eines Tages wird sie es tun. Fels, jetzt liebt sie dich, ist das nicht schön für uns? Vom Weltanfang an hab ich dich für meine Julia eingeplant."

5

Der Nachmittag ist so sonnig, dass Ulli mit den Kindern nicht im Haus sitzen will. Sie geht mit ihnen auf die Wiese im Pfarrgarten, legt eine große Decke ins Gras und bittet: „Setzt euch im Kreis."

Dann holt sie aus ihrem Korb ein kleines Tischtuch und breitet es in der Mitte aus. Darauf legt sie etwas, das in eine weiße Serviette gewickelt ist. „Neugierig?", fragt Ulli.

„Ja!", rufen die Kinder.

„Na, Hanna, heb doch einen Serviettenzipfel hoch. Riecht ihr etwas?"

„Brot!", sagt Tarek. „Frisch gebacken!"

„Woher kennst du den Geruch?"

„Aus den Ferien, vom Bauernhof in Südtirol."

„Also, packt es aus!"

Rund und knusprig liegt der Brotlaib da.

Stefan berührt ihn vorsichtig mit dem Zeigefinger. „Das ist ja noch warm!"

„Freilich", sagt Ulli, „es kommt aus meinem Backrohr. Ich hab es für uns gebacken."

„Hat dir dein Freund geholfen?“, fragt Julia.

„Ja, beim Abwiegen der Zutaten.“

Ulli nimmt das Brot in ihre Hände, schaut es genau an und riecht daran. „Ich glaube, es ist gut gelungen. Wer will es auch halten und beschnuppern? Alle? Also einer nach dem anderen …“

Jedes Kind dreht und wendet den Brotlaib andächtig in seinen Händen. Jedes Kind riecht den würzigen Duft.

„Toll, dass du Brotbacken kannst, Ulli!“, sagt David. „Dürfen wir davon essen?“

„Ja, jeder, der will. Gleich schneide ich’s an. Aber vorher möchte ich euch einladen darüber nachzudenken, wer außer mir noch daran beteiligt ist, dass dieses Brot da liegt.“

„Dein Freund“, sagt Mirella.

„Genau. Wer noch? Wie kommt es, dass ich das Brot backen konnte?“

„Du hast im Supermarkt Mehl und Gewürze eingekauft“, sagt Hanna.

„Ich habe die Weizenkörner sogar selber gemahlen“, erzählt Ulli. „Aber die Körner – woher hab ich die?“

„Direkt von einem Bauern?“, fragt Mirella. „Meine Mama holt Mehl immer direkt von einem Bauernhof. Und auch die Milch.“

„Ich hab’s von unserem Bauernmarkt. Dort hat ein Bauer sein Getreide verkauft. Und von wo hat er es? Was meint ihr?“

Die Kinder wissen, wie Getreide wächst. Jedes hat schon ein grünes oder reifes Feld gesehen. Wenn es nicht regnet, verdorren die Pflanzen. Die Bauern sind froh, wenn Sonne und Regen richtig verteilt sind.

„Dieser Laib ist also ein Gemeinschaftswerk", sagt Ulli. „Viele haben mitgearbeitet." Sie nimmt ein Messer aus ihrem Korb, zeichnet damit ein Kreuz auf das Brot und schneidet ein Stück ab.

„Das ist aber ein großes Stück!", sagt Stefan.

„Wir werden es miteinander teilen!" Ulli bricht ein Stückchen ab und reicht das Brot weiter. Jedes Kind bekommt einen Teil.

„Bevor wir essen, beten wir!", sagt Ulli.

„Warte!", ruft Mirella. „Ich hole unsere Gruppenkerze!"

Als die Kerze in der Mitte steht und brennt, sagt Ulli: „Gott, wir danken dir für dieses Brot. Du hast die Ähren auf dem Feld wachsen lassen. Aus vielen Körnern ist das Brot gemacht und viele Menschen haben mitgearbeitet. – So, und jetzt guten Appetit."

Sie essen und Tarek sagt, dass es fast noch besser schmeckt als das Brot in den Ferien in Südtirol. Ulli schneidet noch ein großes Stück ab und auch das teilen sie miteinander.

„Kinder, jetzt sagt mir ehrlich, hat sich einer von euch vor dem Brot gefürchtet?"

Die Kinder starren Ulli an. „Spinnst du? Vor dem Brot?"

„Keiner hat sich gefürchtet", sagt Ulli. „Vor Brot hat kein Mensch Angst. Er hat Angst, wenn er keines bekommt und hungern muss."

„Wie die Leute im Krieg", sagt Hanna. „Die wären froh über so ein Brot."

„Vor Brot hat keiner Angst", wiederholt Ulli. „Als Zeichen, dass er bei uns sein will, hat Jesus das Brot genommen. Das Brot, das man miteinander teilt und isst. Ein ganz normales, alltägliches Brot."

„Und den Wein", erinnert Mirella. „Denk an den Wein in der Messe."

„Das Brot ist für den Alltag, der Wein ist für die Festesfreude", sagt Ulli. „In diesen Zeichen kommt Jesus zu uns und dann haben wir mit ihm und untereinander eine Verbindung, eine Gemeinschaft. Das lateinische Wort dafür ist *Kommunion.* Schwer zu verstehen?"

„Nein", sagt Stefan. „Eigentlich ganz klar."

„Wir haben noch viel Brot übrig. Wer will ein Stück nach Hause nehmen und mit seiner Familie teilen?", fragt Ulli.

Alle wollen bis auf Tarek. Der schüttelt den Kopf.

„Aber Tarek!", ruft Ulli. „Willst du deinen Eltern nichts mitnehmen?"

Tarek hat einen roten Kopf. „Vielleicht ein ganz kleines Stück für meine Schwester", murmelt er.

„Ulli, bring deinem Freund ein Stück mit", sagt Stefan.

„Und dem Herrn Pfarrer“, sagt Mirella.

Julia starrt in eine Ecke des Gartens und fragt: „Fressen Katzen auch Brot?“

Keiner weiß es.

Julia sieht zu, wie die Kinder sich verabschieden.

„Hallo, Stefan“, sagt Ulli als er ihr die Hand zum Abschied schüttelt. „Ein hübsches Armband trägst du da. Hattest du Geburtstag?“

„Nein, das war ein Geschenk nur so.“

„Von deiner Oma?“

„Von meiner Mama.“ Er blinzelt Julia zu und verschwindet mit einer großen Scheibe Brot.

Nachdem auch Ulli im Pfarrhaus verschwunden ist, geht Julia vorsichtig auf die Fliederbüsche in der Gartenecke zu. „Miez, miez!“

Sie wirft ein Stück Brot ins Gras, der mageren weißen Katze direkt vor die Nase. Die Katze erschrickt. Dann schnuppert sie und frisst. „Du musst ganz verhungert sein“, sagt Julia. „Du brauchst Milch.“

Julia läuft über die Wiese zum Pfarrhaus. Da steht im Erdgeschoß ein Fenster offen, das Fenster der Pfarrkanzlei.

Julia hört Ulli und den Pfarrer miteinander reden. Ungeduldig wartet sie auf eine Pause im Gespräch. Hört endlich auf zu quatschen, da ist eine hungrige Katze, die Milch braucht!

„Hallo, Herr Pfarrer!"

Er hört sie nicht. Aber Julia hört ihren Namen. Sie spitzt die Ohren. „Die Julia Malzer", sagt Ulli, „dieses kluge Kind, hat es mir prophezeit. Du wirst Augen machen, hat sie gesagt. Und bitte, sie hat Recht behalten. Schauen Sie sich die Zeichnungen an, auch die von den anderen Gruppen. Meine Familie am Sonntag: Fernsehen, Fernsehen, Fernsehen. Faulsein, na schön. Miteinander essen, Gott sei Dank. Ausflüge und miteinander spielen, leider selten. Und kaum eine Mutter, ein Vater begleitet das Kind in die Kirche. Und das so knapp vor der Erstkommunion. Ich weiß nicht, was ich tun soll."

„Sie können nichts tun, Ulli."

Seine Stimme ist so müde, dass es Julia schwer ums Herz wird. Regungslos hört sie zu, wie Ulli dem Pfarrer „Auf Wiedersehen" sagt. Schritte. Die Tür fällt zu. Dann ist ein tiefer Atemzug zu vernehmen, ein Ächzen.

Julia stampft mit den Beinen, räuspert sich und ruft noch einmal: „Herr Pfarrer, hallihallo!"

Er tritt ans Fenster. „Du bist die Julia, gelt?"

„Haben Sie Milch in Ihrem Kühlschrank? Eine kleine Schüssel voll?"

„Ja, wieso denn? Hast du Durst? Magst du Himbeersaft?"

„Nein. Ich brauch Milch! Da ist eine kleine, halb verhungerte Katze. Ganz abgemagert. Die braucht sofort auf der Stelle ein bisschen Milch mit etwas Wasser!"

„Warte, ich schaue nach.“

Nach einer Weile kommt er zurück und reicht Julia durchs Fenster eine kleine blaue Schale. „So recht, Julia?“

Ein paar Tropfen schwappen ins Gras. Julia stellt die Schale nieder. „Ich schleich mich jetzt leise fort, Herr Pfarrer. Werden Sie nachschauen, ob die Katze die Milch trinkt?“

„Ja, werde ich.“

„Und – Herr Pfarrer?“

„Ja?“

„Es sind viele Bienen auf Ihrer Wiese“, sagt Julia. „Man darf aber keine Angst vor ihnen haben, sonst stechen sie. Hören Sie sie summen?“

„Ich werde zuhören!“, verspricht er.

„Miez, miez!“ Julia läuft auf Zehenspitzen davon.

„Bravo!“, sagt Ich-bin-da, der Eine. „Da ist Milch für dich, meine Katze.“ Scheu und geduckt kommt die Katze unter den Büschen hervor. „Na, mein Sebastian“, sagt Ich-bin-da, der Eine. „Erinnere dich doch, wie man Katzen lockt. Es ist ganz einfach. Trau dich.“

Der Pfarrer räuspert sich. „Miez“, macht er, „miez, miez.“

„Sie trauen sich, beide!“, ruft Ich-bin-da, der Eine, voller Freude und die heilige Geduld ringelt sich zufrieden auf dem warmen Stein neben dem Ginsterbusch, wie eine goldene Schlange, die sich sonnt.

6

In der Schule sitzt Julia eine Reihe hinter David.

Sie sieht, wie er unruhig auf seinem Sessel hin und her wetzt. Mit seinen Fäusten trommelt er auf den Schenkeln.

„David!“, ruft die Lehrerin. „Sitz endlich einmal ruhig!“

„Nein. Ich muss raus!“

„Dann geh, aber leise.“

Doch David trampelt durch die Klasse. Jetzt spielt er auch noch Panzer. „P-p-p-p!“

„David, es reicht mir!“

Da ist er aber schon draußen.

Julia denkt: Er muss gar nicht aufs Klo. Er will nur herumrennen.

In der großen Pause boxt David Stefan in die Schulter. „Los, wir catchen!“

Aber Stefan hat keine Lust.

„Kaffeehausbubi!“, schreit David. Dann schlägt er Tarek gegen die Brust. „He, und was ist mir dir?“

Tarek flüchtet stumm.

„Feiges Schwein!“, brüllt David.

„Geh bitte!“, sagt Julia. „Catch doch zuhause! Mit deinem Vater!“

„Der ist im Ausland!“

„Dann eben mit deinem Bruder!“

„Der hat nie Zeit.“ Davids Augen werden plötzlich sehr dunkel. „Keiner will mit mir catchen.“

„Ich will!“, sagt Amir. „Aber nicht hier. Nach der Schule im Park.“

„Versprochen?“

„Versprochen.“

Um elf Uhr packt Amir seine Schultasche und sagt: „Also dann los, komm!“

David springt auf.

„He“, sagt Mirella. „Wir haben aber noch Religion. Nur die Islamisten und die anderen, die nicht in Religion gehen, haben schon aus.“

„Wir sind keine Islamisten, wir sind Moslems, das ist was ganz anderes!“, ruft Amir aufgebracht. „Also, was ist jetzt, David?“

„Kannst du eine Stunde auf mich warten, Amir?“

„Nein, kann ich nicht. Die Mama weiß, wann ich aus habe.“

David überlegt. Julia sieht, wie seine Hände zittern. Plötzlich nimmt er seine Schultasche und rennt aus der Klasse. „Sagt der Reli, ich bin krank!“

Die Religionslehrerin ist eine Freundin von Ulli. Immer weiß sie, was in den Gruppenstunden los war. „Ulli hat für euch Brot gebacken, nicht wahr? Heute erzähle ich euch die Geschichte von der Brotvermehrung. Und dann spielen wir das mit verteilten Rollen.“

Sie erzählt, wie Jesus vor vielen Menschen gepredigt hat. Und als die Menschenmenge irgendwann hungrig wurde, hat Jesus seine Freunde, die Jünger, aufgefordert, ihnen Essen zu geben. Es gab aber nur fünf Brote und zwei Fische. Jesus meinte daraufhin, gut, das teilen wir miteinander. Es waren jedoch tausende Männer und Frauen und Kinder da. Jesus sprach das Dankgebet über die Speisen und dann wurde geteilt und geteilt und geteilt … bis schließlich alle satt waren. Später sagte er: „Ich werde euch das Brot des Lebens geben – mich selbst. Wer dieses Brot isst, trägt Gottes Leben in sich und wird nie mehr hungern."

Als die Kinder dann die Szene nachspielen sollen und die Rollen verteilt werden, fällt der Religionslehrerin auf, dass David fehlt. „Wo ist er?"

„Der catcht mit dem Amir im Park", sagt Mirella.

„*Was* tut er?" Die Stimme der Religionslehrerin klingt schrill. Sie läuft zum Fenster und schaut in den kleinen Park hinunter. „Tatsächlich, da prügeln sich zwei!"

Im Nu sind alle Kinder bei den Fenstern. „Na bumm", sagt Hanna. „Die catchen ordentlich."

„Aber das geht doch nicht!", ruft die Lehrerin. „Kinder, ihr seid jetzt still und brav, ich komme gleich wieder!"

Neugierig beobachten die Kinder, wie die Religionslehrerin, die Direktorin und der Schulwart in den Park hinüberlaufen. Kurz darauf schleppen sie einen wütenden, heulenden David in die Schule.

Danach kehrt die Religionslehrerin mit David ins Klassenzimmer zurück. Sein Gesicht ist verdreckt und verschwitzt. Er heult noch immer. „Ich bin nicht gestört!", brüllt er. „Ich bin kein Fall für den Schul-Dings, für den Doktor!"

„Aber geh", sagt die Religionslehrerin. „Wer behauptet denn das?"

„Die Frau Direktor!“

„Die hat Angst um dich gehabt. Schau, wir dürfen dich nicht einfach früher aus der Schule lassen, wenn das nicht mit deinen Eltern abgesprochen ist!“

„Ich will aber catchen! Ich will mit dem Amir gehen! Ich mag keine Religionsstunden mehr. Der Amir und der Muhammad und die anderen müssen auch nicht dableiben.“

„Die haben ihren Religionsunterricht am Nachmittag.“

„Aber der Peter! Der hat auch schon frei! Der sagt, ich bin ein Trottel, weil ich in die Religionsstunde gehe, denn es gibt keinen Gott, sagt er. Und er hat mehr freie Zeit und kann Fußball spielen.“

Die Religionslehrerin schaut die Kinder an. „Was meint ihr dazu?“

Mirella zuckt die Schultern. Tarek kriegt einen roten Kopf. Stefan sagt: „Die Eltern könnten den David abmelden. Viele andere Kinder aus der Klasse gehen ja auch nicht in Religion.“

„Dann kann er aber auch nicht zur Erstkommunion!“, ruft Mirella.

„Mir doch egal!“, schnaubt David.

„Und du müsstest dann auch nicht in die Gruppenstunde zu Ulli gehen!“, sagt Hanna.

„Doch, dorthin will ich!“, sagt David. „Dort ist was los … meistens.“

„Deine Eltern sollen dich in einen Judokurs schicken", sagt Julia. „Das wär etwas für dich!"

Die Religionslehrerin lächelt. „Eine super Idee! David, bitte doch deine Mutter, dass sie dich in einem Sportkurs einschreibt."

David dreht sich zu Julia um und sagt: „Du und deine superg'scheiten Ideen! Nur so Stinkreiche können sich sowas leisten."

Die Lehrerin klatscht in die Hände. „Schluss jetzt! David, ich lass deine Mutter bitten, in die Schule zu mir zu kommen. Und jetzt spielen wir Brotvermehrung. David, ich erlaube dir, dass du nicht mittust, damit du dich noch ein bisschen beruhigen kannst."

„Was? Ich will aber eine Rolle."

Sie spielen die Geschichte ein paarmal hintereinander, weil David nicht nur der Bub mit den Fischen sein will, sondern auch Jesus und ein Zuhörer, dem der Magen knurrt, und ein Jünger, der die Brotreste einsammelt. Die Religionslehrerin lächelt, aber Julia merkt, dass es ihr nicht so gut geht. Immer wieder wischt sie sich mit einem Taschentuch über das Gesicht.

Nach dem Spiel fragt sie die Kinder, ob man außer Brot und Fisch auch noch andere Dinge teilen kann. Den Kindern fällt Schokolade ein, Torte und Gummibärchen.

„Und außer Essen? Kann man sonst noch was teilen?"

„Coca-Cola.“

Das Pausenzeichen schnarrt und die Lehrerin stößt einen tiefen Seufzer aus.

„Unterrichten Sie nicht gern?“, fragt Julia.

„Bitte, werd nicht auch du noch frech!“

Julia wundert sich, hängt sich die Schultasche auf den Rücken und geht eilig heim. Weil so viel vom Essen die Rede war, hat sie Hunger bekommen.

Die Oma freut sich, weil Julia so friedlich die Nachspeise mit Xandi und Claudia teilt. „Man merkt, die Erstkommunion steht vor der Tür!“

„Oder sie will auf ihrem Beichtzettel nicht zu viel zusammenkommen lassen“, sagt Claudia. „Hast du den Zettel schon angefangen? Ich helf dir beim Aufschreiben ...“ Sie kichert vergnügt.

„Ich beichte auswendig“, sagt Julia. „Du brauchst meine Sachen gar nicht zu durchstöbern, du wirst keinen Zettel finden.“

„Aber Julia“, sagt die Oma. „Niemand in der Familie würde deine Sachen durchstöbern, nicht wahr, Claudia?“

„Ich habe einen Witz gemacht“, sagt Claudia. „Ich werde deinen Zettel nicht lesen. Ich weiß noch heute, wie wütend ich war, als Mama meinen Beichtzettel heimlich gelesen hat.“

„Was, das hat sie getan?“, stammelt Julia.

„Ja. Sie hat sich verraten. Sie hat auf einmal zu mir gesagt: Kind, es ist keine Sünde, wenn man zornig ist. Zorn ist ein Gefühl. Aber im Zorn jemandem weh tun und beschimpfen, das ist eine Sünde. Und gelogen schreibt man ohne h."

„Sie hat es gut mit dir gemeint", sagt die Oma.

„Für mich war es ein Verrat!"

Die Oma seufzt so schwer wie am Vormittag die Religionslehrerin. „Kinder, ihr glaubt gar nicht, wie schwierig es ist, in der Erziehung alles richtig zu machen."

Die Mutter kommt vom Dachboden herunter. Ihre Latzhose ist mit Farbe bekleckst. „Uff! Ich bin fürs Fliesenlegen einfach nicht geschaffen. Heute Vormittag ist mir die eine Wand von eurer Dusche entgegengefallen. Einfach so, hoppla, da bin ich. Meine ganze gestrige Arbeit." Sie wischt sich müde ein paar Strähnen aus den Augen. Die Oma hält ihr einen Teller hin. „Nein, ich mag jetzt nichts essen. Nur trinken." Sie trinkt in langen hastigen Zügen. „Wehe euch, meine Lieben, wenn ihr so etwas Kaltes so schnell trinkt wie ich gerade!" Sie lacht schon wieder. „Was war in der Schule los?"

„Nichts", sagt Claudia.

Julia erzählt, wie David unbedingt raufen musste.

„Der ist ja gestört", sagt die Oma.

„Bin ich froh, dass ich keine Lehrerin bin", sagt die Mutter. „Wenn ich das höre, werden mir meine Fliesen oben so richtig sympathisch."

„Auch Fliesen legen!“, schreit Xandi.

„Gut, eine Fliese darfst du probieren, bevor du schlafen gehst“, sagt die Mutter und nimmt Xandi mit nach oben.

Die Oma räumt das Geschirr in den Geschirrspüler. „Gleich näh ich weiter an deinem Kleid, mein Schatz!“

Julia schaut Claudia an. Die hat schon wieder ihren Kopfhörer in der Hand: „Dieser David soll Karate lernen. Oder Judo. Das würde ihm Spaß machen.“ Dann setzt Claudia die Kopfhörer auf und versinkt wieder im Rhythmus ihrer Musik. Julia nickt. Sie muss über Claudia staunen. Die ist heute so … na ja, so normal. Der David hat ihr leidgetan. Der Oma und der Mama war der David egal, die finden einfach, dass er gestört ist.

„So nachdenklich, Julia?“, fragt die Oma. „Woran denkst du denn? Sag mir, woran du gedacht hast!“

„Nein“, sagt Julia und entwischt in den Garten. Hinter den Himbeersträuchern steigt sie über den Zaun. Schnell zum Felsen! Allein sein!

„Meine Julia hat eine schwere Zeit!“, sagt Ich-bin-da, der Ewige. „Die will ich ihr nicht ersparen. Sie muss lernen, die Menschen so zu nehmen, wie sie sind. Damit sie die Menschen später einmal lieben kann, so wie sie sind. Ein Lebensprogramm.“

„Deine Menschen", sagt die Sonne. „Lebenshungrige Krabbler, kluge und dumme, gerechte und ungerechte."

„Scheine über sie alle", sagt Ich-bin-da, der Ewige. „Es ist alles gut so. Es soll so sein."

Julia schaut zum Felsen hinauf. Zu ihrem Felsen. Aus der kleinen Höhle ragen zwei Beine mit Turnschuhen heraus!

Julia erkennt die Turnschuhe. Sie gehören Stefan.

7

Julia spürt, wie ihr das Blut in den Kopf schießt. Sie ballt die Fäuste. Sie schreit: „Komm sofort runter! Das ist meine Höhle!" Die Turnschuhe wippen. In der Höhle lacht es.

Julia packt den untersten Föhrenast und schwingt sich hinauf. Ihre Hände zittern. Sie muss Acht geben, dass sie die Äste richtig greift. Langsam klettert sie höher. Nun kann sie Stefan sehen, wie er gemütlich in der Höhle sitzt, die Hände im Schoß, und über das ganze Gesicht lacht. Auf seinen Knien liegt eine kleine Dose.

„Endlich kommst du", sagt Stefan.

„Raus da!", kreischt Julia. „Ich zieh dich raus, wenn du nicht sofort tust, was ich sage." Sie streckt die Hand aus und packt seinen Fuß. Der Ast, auf dem sie steht, schwankt auf und ab.

„Lass los!", ruft Stefan. „Sonst stürzen wir beide!"

Julia lässt los und klammert sich an den nächsthöheren Ast. Sie weint vor Wut. „Gemein bist du! Total gemein! Du hast mir doch nachspioniert."

„Nur geschaut, wo du steckst …"

„Und nimmst mir meine Höhle weg!“

„Deine Höhle? Wieso deine?“

„Ich hab sie entdeckt! Und außerdem …“

Nein, sie kann nicht sagen, dass Gott ihr diese Höhle geschenkt hat.

„Was außerdem?“, fragt Stefan.

„Nichts! Das verstehst du nicht!“

Der Ast schaukelt hin und her. Der Wind pfeift. Julia hat Mühe sich festzuhalten.

„Deine Höhle“, sagt Stefan, „ist groß genug für zwei.“

„Nie!“

„Doch. Wetten wir?“

„Nein!“

„Wenn wir ganz eng zusammenrücken, dann ist Platz für uns beide. Falls du dich traust herüberzusteigen. Aber wahrscheinlich traust du dich gar nicht.“

„Meinst du!“

Julia kommt noch einen Schritt näher, dreht sich halb um, Stefan streckt die Arme aus – und schon sitzt Julia ganz nah bei Stefan. Er hält sie fest, damit sie nicht abrutschen kann. Nun ragen vier Turnschuhe aus der kleinen Höhle im Fels.

„Siehst du, es geht.“

Schweigend hören sie zu, wie der Wind in den Föhren rauscht. Ein starker Duft steigt von den Zweigen auf.

„Bist du noch böse?“, flüstert Stefan.

„Ja“, sagt sie trotzig. „Ich will die Höhle für mich allein.“

„Morgen hast du sie wieder für dich. Glaubst du, ich kann so oft allein weg? Ich hab die Oma angelogen. Ich hab gesagt, ich borg mir ein Heft von dir aus.“

„Deine Oma ist streng, was?“

„Sie schimpft viel. Auch mit dem Opa. Der gibt ihr dann keine Antwort und geht zu seinen Bienen. Aber gestern, als die Oma gerade wieder losschimpfen wollte, hat er zu ihr gesagt: Mach nicht den gleichen Fehler zum zweiten Mal!“

„Was heißt das?“

„Weiß ich nicht. Aber die Oma ist schnell in die Küche gegangen. Damit wir nicht sehen, dass sie weint.“

„Und warum hat sie geschimpft mit dir?“

„Weil ich ein Foto von meiner Mama auf meine Pinnwand hängen wollte. Es ist in dieser Dose drinnen.“ Er hält ihr die Dose hin.

Julia öffnet sie. Darin liegt ein Foto, so groß wie eine Postkarte. Es zeigt den Kopf und eine Schulter von Stefans Mama. Sie hat blondes glänzendes Haar und lange dunkle Wimpern. Sie schaut wunderschön und sehr elegant aus. „Schön“, sagt Julia. „Wie eine Prinzessin.“

„Hinten drauf steht was“, flüstert Stefan.

Sie dreht das Foto um und liest: Meinem lieben Stefan mit tausend großen und kleinen Küssen. Mama.

„Warum darfst du das Foto nicht an deine Pinnwand hängen?“, fragt Julia.

„Die Oma meint, wenn das jemand sieht, dann geht das Gerede von dem Nachtcafé wieder los. Sie hat mir ein älteres Bild von meiner Mama gegeben. Ein fades Passfoto. Lang nicht so toll wie das hier.“

Julia denkt nach und fragt: „Bist du hergekommen, weil du mir das Bild zeigen wolltest?“

„Eigentlich nicht. Ich hab mir überlegt, dass ich das Bild hier in der Höhle lassen könnte, deshalb hab ich es in die Dose getan, die ist wasserdicht. Dann kann ich es mir ab und zu anschauen und niemand anderer sieht es.“

Stefan blickt Julia an. „Ich könnte ja da sein, wenn du nicht da bist, oder?“

Julia seufzt.

„Das heißt, ich müsste die Höhle mit dir teilen …“

„Ja. Ein bisschen. Hin und wieder.“

Julia kichert auf einmal. „Das hätten wir heute der Reli sagen müssen, als sie gefragt hat, was man teilen kann: Schokolade, Coca-Cola, eine Höhle.“

„Keiner hätte das verstanden.“

„Nur wir zwei. Ab jetzt.“

Der Wind hat sich gelegt. Die grünen Zweige vor der Höhle rühren sich nicht. Blau schaut der Himmel durch die Äste, blauer als irgendwo sonst.

„Weil du deine Höhle mit mir teilst, will ich auch etwas mit dir teilen“, sagt Stefan. „Ich nehm dich mit zu meinem Opa. Der gibt dir einen Löffel Honig, direkt im Bienenhaus.“

„Aber die Bienen!“

„Die tun dir nichts. Ich hab nichts anderes, was ich mit dir teilen kann. Aber du wirst sehen, wie schön es ist.“

„Na gut. Dann komm ich einmal.“

„Gleich jetzt?“

„Wenn die Mama es erlaubt. Aber nicht gleich. Kurz will ich noch da sitzen bleiben, ganz still.“

„Meine Julia übt teilen!", lacht Ich-bin-da, der Lebendige. „Eines Tages wird sie verstehen, dass sie umso mehr zu mir gehört, je mehr sie mich mit allen Geschöpfen teilt. Auch mein Stefan wird es verstehen. Jetzt übt er sich im Mit-teilen. Wir haben ihm Mut gemacht, was?"
„Mut, Mut!", kichert die heilige Zärtlichkeit und fällt in goldenen Tropfen sanft und duftend von den Föhrennadeln.

Stefans Opa trägt einen weißen Imkerhut und einen hellen Overall. Er gibt Julia die Hand. „Komm nur“, sagt er. „Schau dir alles an.“

Der Garten ist von hohen Bäumen und dichten Hecken umgeben. Auf einem niedrigen Hügel steht das Bienenhaus. Die Kästen haben verschiedene Farben. Unter den Fluglöchern sind Zeichen aufs Holz gemalt, die wie Blüten oder Sterne aussehen. Auch Steinchen und Rindenstückchen sind hier aufgeklebt.

„Damit die Bienen leichter nach Hause finden", erklärt Stefan.

Julia will erst alles von Weitem anschauen. Dem Opa ist es recht. Er holt ein Fernglas und zeigt Julia, wie sie es für ihre Augen einstellen soll.

„Such dir ein Flugbrett aus. Welches willst du beobachten?"

„Jetzt seh ich das Loch vom roten Kasten. Ui, da geht's zu!"

Vor dem Flugloch wimmelt es. Bienen fliegen ein und aus. Bevor die Ankömmlinge aber in den Kasten dürfen, werden sie von anderen Bienen mit deren Antennenfühlern betastet.

„Das sind die Wächterbienen!", sagt der Opa. „Sie achten darauf, dass kein Feind in den Stock kommt. Davor haben sie über zwei Wochen Innendienst gemacht. Sie haben die Brut gewärmt, die Maden gefüttert, den Sammelbienen den Nektar abgenommen und in die sechseckigen Zellen gestopft. Auch den Blütenpollen, den die Sammlerinnen nur schnellschnell in die Zellen abstreifen, haben sie mit ihren Köpfen festgestampft. Sie haben den Bienenstock geputzt und neue Waben gebaut und ihre Königin bedient. Bald werden sie selber zum Sammeln ausfliegen."

Julia schaut und schaut und schaut und vergisst beinahe aufs Atmen. Manche Bienen krabbeln nicht gleich durch das Loch in den Stock, sondern sitzen matt auf dem Flugbrett.

„Sind die krank?"

„Die sind erschöpft", sagt der Opa. „Schau, wie sie anfliegen. Mit gesenktem Hinterleib, denn ihre Honigblase dort ist voll mit Nektar aus den Blüten. So schwer beladene Bienen haben keine Lust zu stechen. Und siehst du das Gelbe an den Hinterbeinen? Die Pollenhöschen? Darin tragen sie die Blütenpollen heim. Die jungen Bienen, die gerade als Kinderfrauen arbeiten, füttern damit die größeren Larven und fressen auch selbst davon. Dadurch entsteht Futtersaft in ihren Drüsen, womit sie die neugeborenen Larven füttern."

„Eine Biene wird zweimal geboren", sagt Stefan. „Einmal, wenn sie als Made aus dem Ei schlüpft. Da ist sie nur so groß wie ein Punkt. Später verpuppt sie sich. Wenn sie als fertige Biene aus der Puppenhülle schlüpft, kommt sie zum zweiten Mal auf die Welt. Ihre Haare sind ganz zusammengedrückt. Sie muss sie erst putzen und bürsten. Das macht sie mit den Beinen."

„Hast du das schon einmal gesehen?", fragt Julia.

Stefan nickt ein paarmal. „Ja, der Opa hat mir alles gezeigt."

Sie lässt den Feldstecher sinken und geht ein paar Schritte näher zum Bienenhaus. Sie hört das Summen in den Stöcken. Sie sieht, wie manche Bienen mit dem Hinterteil zuerst aus dem Flugloch kommen und dann in Schleifen hin und her schwirren, immer mit dem Kopf zum Loch.

„Was ist jetzt los?"

„Oh, das ist sehr interessant", sagt der Opa. „Die, die da jetzt in kleinen Kreisen fliegen, mit dem Kopf zum Stock, das sind junge Bienen bei ihrem ersten Ausflug. Sie schauen sich alles gut an, damit sie später wieder heimfinden."

Julia tritt noch einen Schritt näher. „Üben die Neuen für den Außendienst?"

„Ja. Drei Wochen lang werden sie Sammelbienen sein."

„Und dann?"

„Dann ist ihr Leben zu Ende. Eine Honigbiene kann um die sechs Wochen alt werden. Nur die Herbstbienen werden älter, die bleiben den ganzen Winter über im Stock. "

„Sechs Wochen …", sagt Julia erschrocken. „Und nichts als Arbeit."

Der Opa schmunzelt. „Ich finde Arbeit schön … Hast du Lust auf einen Löffel Honig, Julia?"

Stefan stupst Julia in die Seite. „Große Lust hat sie!", ruft er.

Julia spürt, wie ihr Herz klopft. Sie geht hinter den beiden in das Bienenhaus hinein. Es ist hell und freundlich. Auf einem langen Tisch liegen verschiedene Geräte: eine Zange, ein Meißel, mehrere Siebe. Der Opa öffnet einen Schrank und nimmt ein Glas Honig, zwei Löffel und einen Zahnstocher heraus. Er schraubt das Glas auf, taucht den Zahnstocher hinein und hält ihn hoch. Ein Tropfen Honig hängt daran.

„Damit ihr euch das vorstellen könnt", sagt er. „Für ein halbes Kilo Honig müssen Bienen um die 120.000 Kilometer fliegen – das ist dreimal um die Erde." Behutsam streift er den Zahnstocher ab, dann gibt er jedem Kind einen Löffel voll dickem, gelbem Honig.

Stefan lacht Julia mit den Augen an. Julia lacht Stefan mit den Augen an. Still und andächtig lassen sie den Honig im Mund zergehen.

„Gut die Lippen abschlecken", sagt der Opa. „Sonst lockt ihr die Bienen an." Er wäscht die Löffel unter dem Wasserhahn ab. Alles, was er tut, tut er ohne Hast, ruhevoll. Auf einmal beneidet Julia Stefan um seinen Opa.

„Gut war das alles, danke", flüstert sie.

„Ein Löffel Honig am Tag hält gesund", sagt der Opa. „Komm wieder her, wenn du magst."

Julia nickt. Beim Gehen entdeckt sie eine Inschrift auf der hölzernen Tür zum Bienenhaus. Sie versucht, sie zu lesen: „IN MINIMIS …"

„In minimis Deus maximus", sagt der Opa. „Das ist Latein. Es bedeutet: Im Kleinsten ist Gott am größten. Ich kenne einige Imker, die diese Inschrift über ihrem Bienenhaus haben. Weißt du, für Imker ist die Biene ein Wunder …“

Stefan begleitet Julia bis zum Gartentor. Vom Fenster herunter ruft seine Oma. Ihre Stimme ist unangenehm laut: „Stefan, was trödelst du herum! Aufgaben machen, beeil dich! Was ist das für ein Kind da unten?“

„Ich bin die Julia!“

„Ach richtig, die Julia. Du hast dem Stefan das Heft geborgt. Sag deiner Mama einen Gruß von mir. Stefan, hopphopp!“

Julia macht, dass sie wegkommt. Um eine Großmutter mit einer so scharfen Stimme beneidet sie Stefan nicht!

Auf dem Platz vor der Kirche kommt ihr Mirella entgegen. „Hallo, ich war bei der Mama Eis essen. Und du?“

„Ich war beim Großvater vom Stefan. Honig schlecken.“

Mirella blinzelt. „Honig schlecken? Glaub ich dir nicht. Du hast ein Geheimnis mit dem Stefan.“

Julia ärgert sich. „Blödsinn.“ Sie lässt Mirella stehen und geht am Pfarrgarten vorbei. Hinter dem Zaun hört sie die Stimme des Pfarrers. „Miez, miez!“

Julia fühlt sich wieder besser. Sie rennt nach Hause. Sie findet es schön, so schnell zu laufen, den Wind im Gesicht.

„Da bist du ja wieder!“, sagt die Oma.

„Weißt du, dass du eine liebe Stimme hast?“, fragt Julia.

8

Die Oma arbeitet gerade an Hannas Erstkommunionkleid. Um halb sieben kommt sie mit ihrer Mutter zum Anprobieren. Ihre Mutter setzt sich zu Julias Eltern auf ein Glas Wein in die Küche. Hanna probiert im Wohnzimmer ihr Kleid.

Julia liegt auf dem Boden, die Ellbogen aufgestützt, das Kinn in den Händen. Sie sieht Hanna beim Probieren zu. Die Oma steckt die Ärmel mit Stecknadeln fest. Wie geduldig Hanna dasteht! Sie schreit nicht „Au!" oder „Achtung!", wenn eine Stecknadel ihrer Haut zu nahe kommt. Sie dreht sich ganz, ganz langsam im Kreis, als die Oma die Länge absteckt.

Das Kleid steht Hanna gut. Die Oma ist mit sich zufrieden. „Da, schau in den Spiegel!"

„Es wird schön", flüstert Hanna.

„Wunderschön", sagt Julia. „Du siehst ganz toll aus!"

„Wie eine Puppe!", sagt die Oma entzückt. „Und die kostbaren Spitzen, ich glaube, das verstehst du noch gar nicht, was für wunderbare Klöppelspitzen dir dein Papa mitgebracht hat. So, jetzt können wir deine Mama rufen. Julia, sag, wir lassen bitten …"

Julia läuft in die Küche. „Modenschau! Ihr dürft schon kommen!“

Der Vater gießt noch schnell die Gläser voll.

Alle bewundern Hanna, das Kleid und die Kunst der Oma.

„Wie aus einem Bilderbuch!“, sagt Julias Mama.

„Wie eine Prinzessin!“, sagt der Vater.

„Wie aus dem edelsten Modemagazin“, sagt Hannas Mutter.

Die Oma lächelt stolz. „In zwei, drei Tagen ist es fertig! Ich hoffe, dass es auch deinem Papa gefällt, Hanna! Jetzt freust du dich aber schon ganz fest auf die Erstkommunion, was?"

Hanna senkt den Kopf. Aus ihren Augen rollen plötzlich Tränen. Julia bemerkt es als erste.

„Hanna, was ist denn? Warum weinst du?"

Hanna fängt an zu schluchzen.

Ihre Mutter lächelt verlegen. „Es ist … ja, wir haben da einen kleinen Kummer … ach, Hanna, du, ich glaube, wir dürfen es hier ruhig erzählen. Also, unsere Hanna ist heute draufgekommen, durch irgendeine Bemerkung von ihrer Taufpatin, dass mein Mann und ich als geschiedene und wiederverheiratete Leute nicht mit zur Kommunion gehen dürfen. Dass wir ausgeschlossen sind. Na, und dann hat ein Wort das andere ergeben, mein Mann hat ein bisschen gelästert über die Kirche …"

„Unchristlicher Verein, hat der Mario gesagt, und …"

„Pscht, Hanna, lass mich erzählen … und dann waren wir alle traurig, die Hanna am allermeisten."

Keiner weiß, was er darauf antworten soll. Endlich brummt der Vater in die Stille hinein: „Unangenehme Sache, das! Wo Sie doch Ihr Kind in die Kirche schicken!"

„Begleiten", sagt Hannas Mutter. „Ich empfinde mich nach wie vor als gläubige Christin."

„Wir gehen selbst nicht allzu oft in die Kirche", sagt der

Vater. „Aber wir wünschen uns, dass die Erstkommunion für die Kinder ein Fest wird, für alle Kinder, trotz allem. Und darauf trinken wir noch einen Schluck! Es gibt auch noch frisches Grammelschmalz in diesem Haushalt und die ersten Radieschen! Hanna, hast du Lust?"

„Ich räume schnell die Schneiderei vom Tisch!", sagt Oma.

„Aber Sie haben doch so eine gemütliche Sitzecke in der Küche ...", sagt Hannas Mutter.

Im Nu drängen sich alle um den Küchentisch, Ellbogen an Ellbogen. Der Vater bestreicht Brote mit Grammelschmalz. Xandi sitzt auf Hannas Schoß. Claudia zündet eine Kerze an.

„Das kann doch nicht wahr sein, dass Sie und Ihr Mann wirklich in der Kirche nicht willkommen sind, nur weil Ihr Leben halt ein bisschen anders verlaufen ist, als geplant ...", überlegt Julias Mama laut.

„Ja, ich finde das auch sehr schade", sagt Hannas Mutter.

„Der Mario war auch ganz wild, weil ich so traurig war", berichtet Hanna. „Er wollte gleich zum Herrn Pfarrer gehen und sich beschweren, wie gemein das ist."

„Gott sei Dank hat er sich das ausreden lassen, ich will wirklich nicht noch mehr unangenehm auffallen", sagt ihre Mutter.

„Na, so schlecht finde ich die Idee nicht", sagt der Vater. „Der Pfarrer ist doch eigentlich ein lieber Mensch und er sagt immer, dass vor Gott alle willkommen sind."

„Würden Sie vielleicht am Sonntag einmal mit ihm reden, wie das wirklich zu verstehen ist?“, fragt Hannas Mutter.

Der Vater gießt den Kindern Saft und den Erwachsenen Wein nach. „Und wenn wir zu zweit hingehen, Ihr Mann und ich?“, fragt er.

„Nur wenn du versprichst, dass du deinen sanften Tag hast!“, ruft die Mama.

Hannas Mutter lächelt. „Da wäre ich Ihnen wirklich sehr dankbar. Wenn jemand nachfragt, der nicht selber betroffen ist, ist das sicher besser. Mein Mann ruft Sie an, ja?“

Julia sagt: „Die Hanna und ich mögen noch ein Brot.“

Für sie könnte dieser Abend bis morgen Früh dauern.

„Wie schön!“, sagt Ich-bin-da, der Eine. „Ob es Wein und Brot sind oder Saft und Schmalzbrote – ich freue mich, wenn Menschen miteinander Mahl halten, wenn sie beisammen sitzen und gemeinsam essen und trinken.“

„Prosit!“, ruft die heilige Solidarität, das Füreinander-Einstehen. Und hockt im Schmalztiegel wie eine würzige, goldene Grammel.

9

Die Kirschbäume stehen in voller Blüte.

Die Apfelbäume beginnen zu blühen. Und Stefans Opa hat viel zu tun. Er lässt ein paar Bienenvölker für die Zeit der Obstblüte auswandern. Das macht er so: Er stellt die Kästen mit den Bienen auf den Anhänger seines kleinen Autos und bringt sie zu befreundeten Obstbauern. Mit ihrer Hilfe stellt er die Kästen auf, mitten in den Gärten und Plantagen, und deckt sie mit einem wetterfesten Dach. Die Obstbauern freuen sich, wenn der Opa kommt. Denn seine Bienen fliegen von Blüte zu Blüte mit dem Pollen auf ihren Haaren und verteilen ihn auf die Blütenstempel. So können neue Früchte heranwachsen.

„Das nennt man Bestäuben", sagt der Opa. „Die meisten Obstbäume und Beerenfelder und Blumen brauchen die Bienen. Eine Biene schaukelt ja nicht wie ein Schmetterling einmal auf einen Löwenzahn und dann auf eine Birnenblüte. Sie sammelt bei einer einzigen Blütenart, solange das Futter reicht. Dann erst wechselt sie zur nächsten. Bienen erledigen ihre Arbeit oft viel gründlicher als Menschen. Auf sie ist

Verlass. Gäbe es keine Bienen, könnten wir Menschen nicht überleben – es gäbe keine Früchte, viele Tiere hätten dann keine Nahrung und wir Menschen letztlich auch nicht."

Julia merkt sich jedes Wort.

Die Mutter wundert sich. „Jeden Tag kriegst du dort einen Löffel Honig?"

„Jeden Tag, deshalb bin ich so gesund."

Die Mama lächelt. „Auf alle Fälle bist du in letzter Zeit viel vergnügter. Wann holt dich der Stefan denn immer ab? Ich sehe ihn nie. Wo trefft ihr euch? Ich mag nicht, dass du in der Siedlung herumlungerst …"

„Wir treffen uns … ein Stück weiter weg von unserem Gartenzaun", murmelt Julia. Sie will nicht verraten, dass sie einander beim Felsen treffen.

Beim Felsen? Stimmt nicht. Im Felsen! Julia schmunzelt. Die Höhle im Felsen ist der beste – und geheimste! – Treffpunkt. „Versprich mir, dass du bei den Großeltern vom Stefan ein ganz braves Kind bist", bittet die Mama. „Immer schön grüßen und danke sagen. Du darfst dem alten Herrn bei seiner Arbeit auf keinen Fall lästig werden."

„Ich bin dem Opa nie lästig", meint Julia. „Der hat haufenweise Zeit. Sagt er selber! Ich frage und frage und er erzählt."

Viele spannende und sonderbare Dinge haben Julia und Stefan schon erfahren. Zum Beispiel, dass eine Biene nie neidisch ist. Wenn eine hungrige Kollegin im Stock sie anbettelt, teilt sie mit ihr, was sie in der Honigblase hat. Und: Wenn eine Sammlerin einen guten Futterplatz entdeckt hat, sagt sie das den anderen Bienen sofort. Sie tanzt es ihnen vor, denn Tanzen, das ist ihre Sprache. In Achterschleifen tänzelt sie die Wabenwand auf und ab und schwänzelt dabei mit dem Hinterleib. Je schneller sie schwänzelt, desto näher liegt der Platz.

Oder: An den Vorderfüßen hat die Biene eine kleine Einkerbung, die sie mit einem winzigen Lappen schließen kann. Das ist die Putzscharte. Vor jedem Ausflug zieht die Biene ihre Fühler durch diese Scharte. So werden sie abgestaubt und funktionieren wieder verlässlich. Mit den Fühlern kann die Biene nicht nur fühlen und tasten, sondern auch riechen und Wärme messen. Ist es im Bienenstock zu warm, dann fächeln die Bienen mit ihren Flügeln.

Die Kinder lernen auch Wörter aus der Imkersprache. Die Zelle, in der eine Königin heranwächst, heißt „Weiselzelle“. Ein ganzes Bienenvolk wird „Bien“ genannt. Und „Drohnen“, das sind die männlichen Bienen.

„Um Himmels willen, Julia“, sagt die Mama. „Stopf dir doch den Kopf nicht mit Wörtern voll, die du im Moment nicht brauchst, weder für die Schule noch für die Erstkommunion.“

Julia lacht. „Hast du eine Ahnung, wie viel Platz in meinem Kopf ist!“

In den Gruppenstunden bei Ulli gibt es viel zu tun. Kaum ist der Muttertag vorbei, steht die Sammlung für die Kinder in Albanien auf dem Programm. Die brauchen Bleistifte und Hefte für die Schule. Eine Pfarrhelferin wird die Sachen hinbringen. Mirellas Mutter erzählt, dass an den Sammeltagen deutlich weniger Eis in der Konditorei geschleckt worden ist. Viele Kinder haben für ihr Taschengeld Bleistifte und Hefte gekauft.

„Das freut mich", sagt Ulli. „So habt ihr das Teilen geübt. Nun stürzen wir uns mit Schwung auf das Beichten!"

Aber die Kinder bringen für das Beichten keinen großen Schwung auf. Sie streiten miteinander, was eine Sünde ist und was nicht.

„Wenn man lügt", sagt Tarek. „Nur ein bisschen schwindeln ist erlaubt."

„Wenn man nackt ist und sich anschaut", sagt Mirella.

„Wenn man das Geld zum Fenster hinausschmeißt", sagt David.

„Wenn man nicht folgt", sagt Stefan. „Oder nicht gern und gleich …"

„Wenn man sich scheiden lässt und wieder heiratet", sagt Hanna.

Ulli seufzt und verdreht die Augen.

Dann fragt sie: „Julia, was ist für dich eine Sünde?"

„Wenn man seine Geschwister auf den Mond schießen will."

„Oh, Julia, willst du das?“, fragt Ulli.

„Ab und zu“, sagt Julia.

„Das will ich bei meiner jüngeren Schwester auch“, sagt Ulli. „Und mein älterer Bruder möchte mich manchmal gern auf den Mond schießen … Also, was steht denn in euren Mappen darüber? Was heißt das überhaupt, *Sünde*?“

„Das steht nicht da“, sagt Stefan. „Aber alle Arten haben wir aufgeschrieben. Sünden in der Schule: faul sein, stehlen, nicht aufpassen, Sachen zerstören, angeben, keine Aufgaben machen …“

„Sünden gegen Gott“, liest Mirella. „Sich keine Zeit für ihn nehmen, am Sonntag in der Kirche nicht mitbeten …“

Ulli winkt mit beiden Händen. „Genug, genug! Kinder, es gibt vor allem *eine* große Sünde: wenn der Mensch sich von Gott abwendet, obwohl er verstanden hat, dass Gott es gut mit ihm meint.“

„Der wär’ ein Riesendummkopf, der Mensch“, sagt David.

„Oder zu stolz“, sagt Ulli. „Er meint, er schafft es allein, und denkt, Gott macht ihm nur Vorschriften.“

„Macht er aber, oder?“, fragt Stefan.

„Gott hat einen Plan mit uns“, sagt Ulli. „Er will, dass wir gut sind zu allem, was ist. Sein Sohn Jesus hat uns gezeigt, dass man tatsächlich so leben kann. Jesus macht uns Mut dazu. Er sagt: Gott liebt dich, wie du bist. Seine Tür steht immer offen für dich. Wenn du dich schlecht und schuldig fühlst, kannst du es ihm sagen und von Neuem beginnen, deinen Lebensweg mit ihm zu gehen."

„Schön, aber was sollen wir beichten?", fragt Hanna. „Was sollen wir auf den Zettel schreiben?"

Ulli fährt sich mit den Händen durch das kurze Haar. Sie nimmt ihre Brille ab und säubert sie.

„Beichten sollen wir, wenn wir uns in einer Sache schuldig fühlen. Wenn wir andere Menschen traurig gemacht haben. Wenn wir jemanden im Stich gelassen haben. Wenn sich ein anderer über uns ärgern muss."

„Und wenn man unanständig ist", sagt Mirella. „Hat meine Oma gesagt."

„Jajaja ...", brummt Ulli. „Wer weiß ein Beispiel?"

„Wenn man um die Wette pisst, wer weiter kann?", fragt David.

Die Kinder lachen.

„Hast du dich dabei schuldig gefühlt?", fragt Ulli nach.

„Nein", sagt David. „Ich hab ja gewonnen."

„Hui, ist das alles schwierig", stöhnt Ulli. „Ich habe eine Nichte in Deutschland. Dort ist das anders. Die beichten erst nach der Erstkommunion, mit neun oder zehn Jahren oder noch später."

„Warum fragen wir nicht den Pfarrer?", fragt Julia. „Wir müssen ja nicht bei dir beichten, sondern bei ihm. Er soll uns erklären, wie das ist mit den Sünden."

„Gute Idee!“, murmelt Ulli. Sie geht mit den Kindern in den Garten hinaus, sie setzen sich ins Gras und Julia ruft durch das Fenster der Pfarrkanzlei: „Herr Pfarrer, hallo!“

Er streckt den Kopf heraus. „Julia? Die Katze braucht heute keine Milch mehr. Die hat die blaue Schüssel ausgeschleckt und ein bisschen Leber hat sie auch gefressen …“

„Herr Pfarrer, wir brauchen Sie, weil die Ulli wegen der Sünden nicht mehr weiterweiß.“

„Ich komme!“ Er bringt einen Klappstuhl mit und setzt sich in den Kreis.

Die Kinder erklären ihm, worum es geht.

„Was ist eine Sünde, Herr Pfarrer?“

„Eine Zielverfehlung“, erklärt er sofort. „Abweichen von dem, was man für sich als richtig erkannt hat.“

„Einfacher, viel einfacher“, jammert Ulli.

„Also, was wünscht sich Gott von uns?“, fragt der Pfarrer. „Dass wir gut zu den Eltern sind. Dass wir gut zu den Geschwistern sind. Dass wir gut zu allen Menschen sind. Dass wir zu allem gut sind, was er geschaffen hat.“

„Auch zu Tieren?“, fragt Julia. „Zu Katzen zum Beispiel?“

„Zu allen Lebewesen“, sagt der Pfarrer. „Und auch zur Erde. Und zu uns selber.“

„Auch zu Gott?“, fragt Stefan.

„Ja, wir sollen auch Gott gut behandeln.“

Die Kinder denken nach.

„Aber das ist ja bei jedem Menschen verschieden“, sagt Tarek. „Man kann nicht zu jedem auf die gleiche Art gut sein. Meine Mama mag, wenn was los ist. Mein Vater mag Ruhe.“

Der Pfarrer nickt. „Um herauszufinden, wie man gut zu den andern sein kann, hat Gott uns das Denken und das Fühlen und die Fantasie gegeben. Mit der Fantasie stellt man sich vor, was dem andern guttun könnte.“

„Ein Vorschlag“, sagt Ulli, „wir probieren das auf der Stelle aus! Wir machen die Augen zu, stellen uns einen Menschen oder ein Tier oder Gott vor und überlegen, was ihm guttäte.“

„Na, endlich reden sie nicht mehr von Sünden", sagt Ich-bin-da, der Heilige. „Mein lieber Sebastian, du bist auf der richtigen Spur."
Die Sonne strahlt vor Freude. Die heilige Weisheit fliegt emsig herbei wie eine goldene Biene. Sie setzt sich auf die Schulter des Pfarrers, sterzelt und lockt.

Auch der Pfarrer schließt die Augen und macht die Probe.

Als er die Augen wieder aufschlägt, fällt sein Blick auf Julia. Die lächelt ihn an und sagt: „Wissen Sie, wie man Katzen streichelt? Vom Kopf zum Schwanz, nie umgekehrt.“

„Aha, aha." Der Pfarrer nickt. „Kinder, noch etwas: Wenn ihr zu mir beichten kommt, beichtet nur das, was euch leidgetan hat! Versteht ihr? Nur, was euch leidtut. Und damit basta!"

10

Julia hockt mit Stefan in der kleinen Höhle und wippt sachte mit den Zehen. Es ist schön, da zu sitzen.

Es ist schön, Socken und Sandalen anzuhaben, obwohl die Oma gemeint hat, es sei noch zu kühl.

Es ist schön, nichts zu tun. Julia gähnt genussvoll.

Vom Föhrenweg her hört man Schritte. Ein Zweig knackt, ein Stein kollert. Dann quietscht eine Stimme: „Jetzt hab ich euch! Jetzt hab ich euch!"

Es ist Mirellas Stimme.

„Pst!", flüstert Stefan in Julias Ohr.

„Ich sehe eure Füße", kreischt Mirella. „Ich sehe deine Sandalen, Julia. Ätsch, jetzt kenn ich euer Versteck! Was treibt ihr da oben?"

Sie antworten nicht.

Ein Steinchen kommt geflogen, ein zweites. Es fällt Julia in den Schoß.

„Tut nicht so, als würdet ihr nicht hören!", ruft Mirella. „Ich bin euch nachgeschlichen, ein paarmal schon, und jetzt weiß ich euer Geheimnis!"

Die Föhrenäste schwanken. Es schnauft und ächzt am Fuß des Felsens. Julia zittert vor Zorn.

Stefan flüstert: „Keine Angst, die kann nicht klettern."

Aber zwei, drei Äste schafft Mirella. Gerade so hoch, dass ihr Blick die beiden erreicht.

„Hihi, ihr umarmt euch da drinnen!"

„Gar nicht wahr!", schreit Julia. „Hau ab, du blöde Kuh, sonst schüttle ich den Baum und du fällst runter!"

Mirella hantelt sich eilig von Ast zu Ast zum Boden zurück. Ein kleiner Aufprall, dann rauschen die Zweige hoch.

„Au! Jetzt seid ihr schuld, weil ich mir den Fuß verknackst hab. Das sag ich meiner Mama! Alles sag ich meiner Mama! Dass ihr da oben herumschmust!"

Tapp! Tapp – tapp! Es ist deutlich zu hören, dass Mirella ein bisschen hinkt.

„Geschieht ihr recht“, sagt Julia.

„Sie wird allen unsere Höhle verraten“, sagt Stefan.

„Ich hasse sie!“, schreit Julia.

„Keiner von der Klasse kann uns nachklettern“, meint Stefan. „Sie sind zu ungeschickt. Ich werde dem Opa sagen, dass wir eine Höhle haben, und dann treffen wir uns wieder.“

„Und unten wird die Mirella stehen und uns sekkieren!“

„Nur wenn sie merkt, dass es uns was ausmacht! Und jetzt holen wir uns unseren Löffel Honig, ja?“

Als Julia an diesem Nachmittag nach Hause kommt, sitzt Claudia mit Xandi auf den Stufen vor dem Haustor.

„Vorsicht“, sagt Claudia. „Da drin ist dicke Luft.“

„Der Papa und die Mama?“

„Aber wo. Die Oma und die Mama. Sie haben Krach miteinander gehabt. Jetzt hat die Oma Kopfweh und muss liegen und die Mama jätet das Unkraut. Und ich bin ein grässliches, faules, unerzogenes Kind, das keinen Finger rührt und die anderen schuften lässt.“

„Warum haben sie gestritten?“

„Die Oma hat der Mama aus einem Stoffrest eine Bluse zugeschnitten. Die Mama hat aber keine Lust zum Probieren gehabt. Die Oma hat gesagt: Aber ich will dich nicht weiter in diesen lächerlichen T-Shirts herumrennen lassen. Die Mama hat geschrien: Ich renne herum, wie ich will. Mach mir nicht dauernd Vorschriften. Die Oma hat gesagt: Da rackert man sich ab und das ist der Dank. Ich hab gesagt: Seid nicht so laut, ich kann die Musik kaum hören …“

„Mama weint“, sagt Xandi.

Julia geht ums Haus herum zu den Gemüsebeeten.

Ihre Mama sitzt auf einem umgedrehten Eimer und schluchzt. Julia streichelt ihr die Schulter.

„Mama“, flüstert sie. „Mama, ich mag dich doch.“

Endlich schaut die Mutter hoch. Sie wischt die Tränen weg, aber es rollen unaufhörlich neue nach.

„Ich will nicht mehr“, klagt sie. „Der Rücken tut mir weh vom Fliesenlegen und vom Türenstreichen. Und die Oma fuhrwerkt in meiner Küche und kommandiert mich herum. Sie näht und näht und findet immer wieder was Neues zum Nähen, nur damit sie noch eine Woche dableiben muss.“

Julia ist verblüfft. „Hast du nicht gern, dass sie dir hilft?“

Die Mama schüttelt den Kopf. „Nicht, wenn sie dabei alles bestimmt. Ohne sie brauchen wir halt drei Wochen länger mit dem Dachausbau. Na und?“

„Aber du hast sie doch so gelobt für das Nähen!“

„Ja, schon. Eure Kleider hat sie auch toll gemacht. Aber ich mag keine Bluse von ihr. Ich gehe jetzt ins Einkaufszentrum und kaufe mir das blödeste T-Shirt, das ich finde!“

„Ich komm mit“, sagt Julia.

Auf dem Weg zum Einkaufszentrum erzählt sie ihrer Mama, dass der Stefan und sie einen Felsen haben. Mit einer Höhle drin. Nur fünf Minuten weg vom Haus, auf dem Föhrenweg. Die Höhle ist gerade groß genug für zwei Kinder. Über die Äste bequem zu erreichen.

„Ihr klettert über die Äste?“ Die Mama bleibt stehen und streckt Julia den Arm hin. „Stell dir vor, mein Handgelenk ist ein Ast. Wie greifst du zu? Genau, den Daumen immer den Fingern gegenüber. Ich schau mir den Felsen demnächst an.“

Sie kaufen drei bunt bedruckte T-Shirts: einen Dinosaurier für Julia, ein Einhorn für Claudia und zwei verliebte Katzen mit Vollmond für die Mama.

Zufrieden gehen sie zur Kassa.

An der Kassa sitzt Tareks Mutter. Sie lächelt Julia an.

„Na, du Felsenkletterin … Dass du nur ja nicht herunterfällst, wenn du mit deinem Freund dort herumspielst. Haben Sie keine Angst, Frau Malzer?“

„Meine Julia gibt Acht beim Klettern.“

„Ich meine, wegen solcher Freundschaften … Aber der Stefan ist ja bisher ein sehr lieber Bub gewesen.“

„Jaja.“

Sie gehen auf den Pfarrplatz hinaus, an der Konditorei vorbei. „Magst du ein Eis, Julia?“

„Nein.“

Aus dem Seiteneingang zur Kirche kommt Mirellas Großmutter mit Besen und Staubtüchern. „Ach, Julia … Guten Tag, Frau Malzer. Schön, dass Sie mit Ihrer Tochter unterwegs sind. Man kann ja nicht gut genug auf die Kinder aufpassen heutzutage. Frühreif wie sie sind. Julia, ich hab meine Schaufel vergessen, linke Seite, beim heiligen Josef. Bist du so gut?"

Julia läuft um die Schaufel. Aber sie findet keine. Auch nicht beim heiligen Antonius oder bei der heiligen Barbara.

„War keine da, Frau Sedlacek!"

„Oh, bist du aber eine Geschwinde …", sagt Mirellas Großmutter. „Ich werde die Schaufel im Pfarrhaus gelassen haben. Dank dir schön. Ja, Frau Malzer, mehr gibt's sowieso nicht zu sagen. Man muss halt die Augen offen halten, bei Sprösslingen von so einer … Mir tut nur seine Oma leid."

„Auf Wiedersehen, wir haben's leider eilig", sagt Julias Mama.

Mit großen Schritten geht sie weiter, Julia muss beinahe laufen.

„Weiß denn die ganze Siedlung von eurem Felsen, Julia?"

„Die Mirella hat uns gesehen. Die tratscht es herum."

„Und was macht ihr da in der Höhle?"

„Gar nichts. Schauen. Reden."

„Was schauen?"

„Wie die Äste so hin- und hergehen. Und gestern haben wir einen Schwarzspecht gesehen."

„Julia, dieser Felsen ist mir doch nicht recht geheuer. Diese Herumkletterei. Wenn ihr da unvorsichtig seid ... Lieber ist mir, der Stefan kommt zu uns in den Garten. Dann weiß ich, wo ihr seid und was ihr spielt, und die Leute brauchen mir keine blöden Geschichten zu erzählen."

„Uns ist aber der Felsen lieber! Die Mirella hat gesagt, wir schmusen herum, der Stefan und ich. Das stimmt aber nicht."

„Ich glaub dir, Julia. Die Mirella ist ein merkwürdiges Kind. Weißt du, ihre Oma ist auch so eine, die gerne schlecht über die anderen redet. Das schaut sie sich vielleicht ab."

Zu Hause legt die Mama ihr T-Shirt in den Schrank. Die Oma liest in der Zeitung. Sie brummt vor sich hin, Julia versteht nur: Gott ... zulassen.

„Irre könnte man werden", sagt die Oma zu Julias Mama. „Ununterbrochen neue Gemetzel und Kriegsgräuel. Dass die nicht Frieden halten können! Und was für grauenhafte Bilder sie abdrucken! Da bringt man ja keinen Bissen mehr hinunter!"

„Oma, zeig her!"

„Nein, das sind keine Bilder für kleine Kinder. Hast du deine Aufgaben gemacht? Nein? Dann aber flott!"

An diesem Abend sitzt die Oma allein vor dem Fernseher. Die Eltern rumoren noch auf dem Dachboden. Claudia hört Musik im Kinderzimmer.

„Langweilig, allein da hocken! Das könnte ich zu Hause auch", murrt die Oma.

„Ich bin noch da", sagt Julia. „Ich will die Werbung sehen."

Die Oma vergisst, Julia nach der Werbung ins Bett zu schicken. Julia sieht und hört die Nachrichten.

„Es wird weitergekämpft", sagt die Sprecherin.

Julia starrt auf den Bildschirm. Leute rennen und schreien. Es kracht. Da liegt eine Frau mit einem Kind im Arm auf der Straße. Alles ist voll Blut. Eine rote Blutlacke breitet sich über das Pflaster aus.

„Sind die tot, Oma?"

„Was, du bist noch da?"

„Sind die tot?"

„Ja, die sind von einer Granate getroffen worden. Beim Wasserholen. Aber schau, dass du jetzt ins Bett kommst."

In der Nacht wacht Julia stöhnend auf. Sie hat etwas Schreckliches geträumt. Von schreienden Leuten und Blut. Von einem Kind, das dem Xandi ähnlich gesehen hat. Oder war es der Xandi? Die Oma hat gesagt: Ich verstehe nicht, wie Gott das zulassen kann. Und auf einmal war Mirella da und hat gespottet: Ätsch, du musst dir einen neuen Felsen suchen. Dann war nur noch riesengroße Angst da, schwarz und kalt …

Claudia hebt den Kopf. „Was ist los, hast du Bauchweh?"

„Nein, ich hab was Schlechtes geträumt."

„Dann träum jetzt was Schönes."

Doch Julia kann nicht wieder einschlafen. Die Fernsehbilder schwirren ihr immer noch durch den Kopf. Und das Gesicht von ihrer Mama, wie sie geweint hat. Die Menschen sind nicht gut zueinander.

„Lieber Gott, mach, dass sie gut sind", betet Julia. „Dass sie nie mehr streiten. Dass keiner mehr tot wird. Du kannst das bestimmt. Du kannst alles."

Plötzlich fällt Julia der Felsen ein.

„Den hast du mir geschenkt, oder? Warum hast du die Mirella hingehen lassen? Warum machst du, dass ich keine Freude mehr habe?"

Julia steigt aus dem Bett und geht zum Fenster.

Am Himmel funkeln Sterne, einer rötlich, einer grünlich, die anderen wie Silber und Gold. Der Mond wandert über die Dächer.

„Ich bin böse auf dich, Gott", flüstert Julia. „Du hast der Frau mit dem Kind nicht gegen die Soldaten geholfen. Du hast der Mama nicht gegen die Oma geholfen. Du hast mir gegen die Mirella nicht geholfen."

„Meine liebe Julia!", ruft Ich-bin-da, der Ewige. „Wie gut, dass sie anfängt, ehrlich mit mir zu reden!"
„Wir haben ihr leidgetan", sagt die Frau mit dem Kind im Arm zu Ich-bin-da, dem Ewigen. „Sie hat von uns geträumt. Willst du ihr nicht sagen, dass du mit uns gelitten hast?"
„Sie muss spüren lernen, dass meine Welten zugleich erlöst und nicht erlöst sind", sagt Ich-bin-da, der Ewige. „Eines Tages wird sie verstehen, wie sehr wir sie brauchen für das Erlösungswerk. Ohne sie wird es nicht weitergehen."
„Im Moment stampft sie noch zornig mit den Beinen", sagt die heilige Gewaltlosigkeit und ergießt sich wie Mondlicht über Julias Füße.

11

„Was braucht man für ein gemeinsames Essen?“, fragt Ulli bei der nächsten Gruppenstunde.

„Hunger“, sagt David.

„Das auch“, sagt Ulli. „Aber ich meine jetzt für den Tisch. Wenn wir den Tisch decken ...“

„Ein Tischtuch“, sagt Mirella.

„Richtig! Ein Tischtuch. Bei der Erstkommunionfeier werden alle Gruppen gemeinsam den Altartisch decken. Und dafür haben wir Tischmütter uns etwas ausgedacht.“ Sie breitet ein großes weißes Tuch aus. „Das wollen wir miteinander verzieren. Jeder mit dem Abdruck seiner Hände. Zum Zeichen dafür, dass wir Jesus und uns untereinander die Hand reichen wollen. Und dass er auf unsere Hände zählen kann, wenn er uns braucht. Einverstanden?“

„Man könnte auch die Füße abdrucken“, schlägt Stefan vor. „Wenn Jesus will, dass wir jemandem zu Hilfe kommen.“

„Die Hände genügen“, sagt Ulli. „Wir sind sechs Gruppen, für jede muss Platz sein.“ Sie hat Pinsel und Farben, Handtücher und eine Wasserschüssel bereitgestellt.

Jedes Kind wählt sich eine Farbe, Ulli pinselt sie auf die Handflächen, dann werden die Hände vorsichtig auf das Tuch gedrückt.

„Für mich dieses schöne Rot!“, ruft Mirella. „Das sieht man von Weitem leuchten.“

Julia wünscht sich Honiggelb. Lindenblütenhoniggoldgelb. Ulli muss die Farbe erst mischen.

„Meine Hände kommen neben die von der Julia!“, ruft Stefan. „In Waldhonigbraun.“

„Da hab ich mir was eingebrockt“, murmelt Ulli und mischt.

Mirella stößt Hanna an und sagt: „Wie ich dir gesagt habe. Die beiden sind ein verliebtes Paar.“

Stefan tut, als habe er das nicht gehört. Julia spürt, wie der Zorn in ihr hochsteigt.

Die Kinder, die schon dran waren, unterhalten sich über Geschenke.

„Von meiner Uroma bekomme ich so coole Sneakers, wie der Stefan sie hat“, sagt Tarek.

Ulli blickt auf. „Zum Geburtstag?“

„Nein, zur Erstkommunion.“

„Pah, Sneakers“, sagt David. „Ich wünsch mir ein eigenes Tablet.“

Ulli erschrickt, dass ihr beinahe der Pinsel aus der Hand fällt. „Das ist ja verrückt … Zu meiner Erstkommunion hab ich von meiner Taufpatin ein Buch mit Jesusgeschichten bekommen."

„Das war damals, in Urzeiten ...", sagt David.

„Ich bekomme von meiner Taufpatin ein Fahrrad", sagt Hanna. „Was wünschst du dir, Julia?"

Julia zuckt die Schultern. „Ich weiß gar nicht, ob ich was krieg."

„Vielleicht näht dir deine Oma ja ein Hochzeitskleid", quietscht Mirella. „Damit du gleich den Stefan heiraten kannst. Herumgeschmust habt ihr ja schon genug."

„Was ist denn das schon wieder für ein Blödsinn!", ruft Ulli.

„Kein Blödsinn", sagt Mirella empört. „Jeder in der Siedlung weiß, dass die Julia den Stefan zum Freund genommen hat."

„Stimmt nicht!", ruft Julia.

„Doch, der Stefan ist dein Allerliebster!"

„Nein!"

„Stefan", sagt Mirella, „bist du der Freund von der Julia oder nicht?"

Stefan zögert, schaut Julia an, nickt ein paarmal und sagt: „Freund? Na, eigentlich schon."

Mirella tanzt vor Vergnügen im Kreis. „Na bitte! Na bitte!"

Julia drückt ihre Hand in die rote Farbe, dann gibt sie Mirella eine Ohrfeige. Und zu Stefan sagt sie: „Du bist nicht mein Freund, hörst du? Ich habe keinen Freund."

Stefan wird ganz weiß im Gesicht.

Julia dreht sich um und rennt zur Tür. Die Tür geht auf, Julia kracht dem Pfarrer gegen den Bauch.

„Hoppla, Julia, wohin so eilig?“

„Fort! Ich hasse sie alle!“

Sie läuft auf die Straße. Sie möchte alle niederrennen, sie möchte alle anbrüllen, sie möchte etwas ausreißen, sie möchte etwas kaputtmachen. Sie rennt und keucht. Schnell, schnell! Aber wohin?

Zum Felsen!

Atemlos kommt sie an. Sie lehnt sich an den Stamm der Föhre und ringt nach Luft. Ein frischer Windstoß kühlt ihr das Gesicht.

Dann klettert sie hinauf und schwingt sich in die Höhle hinein.

Wie gut der Stein sich anfühlt, da glatt, da rau, überall stark.

Neben ihrem Bein rumpelt etwas. Die Dose mit dem Foto von Stefans Mama! Die liegt noch immer da, obwohl die Höhle kein geheimer Platz mehr ist, seit Mirellas Spionage-Erfolg.

Zu dumm, fährt es Julia durch den Kopf. Der Stefan will das Foto ja vor allen anderen verstecken. Außer vor mir. Vielleicht finden sie einen neuen Geheimplatz? Oder im Bienenhaus eine Ecke, eine Ritze, die nicht einmal der Opa kennt?

Ich spinn, denkt Julia, ich tu, als ob wir noch Freunde wären ... Stefans Gesicht fällt ihr ein. Vor Schreck ganz weiß.

Julia stellt sich die anderen Kinder vor. Die werden ihn ausgelacht und verspottet haben: Ätsch, die Julia lässt dich stehen! Die hält ja gar nicht mehr zu dir!

Julia fühlt ihr Herz klopfen. Ihr wird heiß, feuerheiß. Da brennt etwas in ihr.

Sie hat Stefan verraten.

Julia bekommt einen großen Zorn auf sich selbst. Sie trommelt mit den Fäusten gegen die Felswände links und rechts, bis die Fingerknöchel schmerzen.

Doch das Trommeln hilft nicht. Erschöpft lässt sie die Hände sinken. Die rechte Hand fällt schwer auf die Dose. Die bring ich ihm, schießt es ihr durch den Kopf. Sie nimmt die Dose, klettert über die Äste bis zum Boden und läuft nach Hause.

„Mama, ich geh zum Bienenhaus!"

„Gut. Aber komm wenigstens herein und sag ordentlich Grüß Gott!"

Julia steckt den Kopf in die Küche. Ihre Mama und die Oma und Hannas Mama trinken Kaffee. Auf dem Tisch steht ein Rosenstock mit Schleife und Papiermanschette. Auf Mamas Schoß sitzt Hannas winzige Babyschwester. Auf Omas Schoß sitzt Xandi, ein bisschen beleidigt.

„Hat wer Geburtstag?", fragt Julia.

„Nein“, sagt Hannas Mutter. „Die Rosen sind nur ein kleines Dankeschön für deine Oma, weil sie ja absolut nichts bezahlt haben wollte für die Näherei. Ist die Gruppenstunde schon aus? Dann müssen wir uns beeilen. Wir wollten die Hanna abholen!“

„Die anderen Kinder arbeiten noch“, sagt Julia und macht, dass sie fortkommt. Beim Bienenhaus will sie auf Stefan warten.

Vor dem Pfarrhof sieht sie Hanna stehen, ganz allein. Ist die Gruppenstunde schon aus?

„Deine Mama war bei uns, samt deiner Schwester“, schreit Julia über die Straße. „Sie kommt gleich …“

„Ist gut, danke“, ruft Hanna.

Julia rennt sehr schnell an der Konditorei vorbei und biegt in die Straße ein, wo Stefan wohnt.

Das Gartentor ist nur angelehnt. Julia stellt sich auf die Zehenspitzen. Sie sieht den Opa vor dem Geräteschuppen. Er sägt Bretter zurecht.

„Stefan!“ Julia räuspert sich, ihre Stimme klingt so dünn und jämmerlich wie das Miauen einer halbverhungerten Katze. Sie versucht es noch einmal. „Stefan, hallihallo!“

„Komm nur herein“, sagt der Opa. Er legt die Säge weg und geht Julia entgegen. „Komm, dein Löffel Honig wartet schon.“

Sie folgt ihm ins Bienenhaus. Stefan ist nicht da.

„Aber der Stefan … hatschi!“ Sie muss niesen, kräftig, gleich zwei-, dreimal hintereinander.

Der Opa schmunzelt. „Es fliegt heut so viel Blütenpollen in der Luft herum. Der Stefan hat auch fest niesen müssen.“

„Wo steckt er denn, der Stefan?“

„Der hat seinen Löffel Honig schon bekommen“, sagt der Opa und schraubt das Glas auf.

„Danke, ich mag jetzt nicht, ich will erst dem Stefan etwas …“ Sie hat einen Knoten im Hals.

„Meine liebe Julia!“, sagt Ich-bin-da, der Eine. „Nun weiß sie, wie das ist, wenn der Mensch sich schuldig fühlt. Es ist gut, dass sie es weiß. Wenn sie die Versöhnung schafft, wächst sie wieder ein Stück und wird stärker sein als vorher.“

„Sie will es schaffen“, jubelt die heilige Versöhnungsbereitschaft und kitzelt Julia in der Nase wie ein winzig kleines, goldenes Pollenkorn.

„Hatschi, hatschi!“

„Nimm zwei Löffel voll“, sagt der Opa und hält Julia das Glas hin. „Das tut dir gut, das brauchst du heute … Der Stefan hat gesagt, wenn du ihn suchst, er wartet im Felsen.“

„Oh, aber dort war ich gerade."

„Vielleicht ist er den Föhrenweg gegangen und ihr habt euch nicht getroffen."

Julia lässt den Honig im Mund zergehen, taucht den Löffel ein zweites Mal ein und schleckt. „Danke, das war gut. Ich muss jetzt gehen."

„Auf Wiedersehen, bis morgen", sagt der Opa.

Julia trabt den Föhrenweg zu den Felsen hinauf.
Sie schlüpft durch die Büsche.
Sie sieht Stefans Turnschuhe aus
dem Höhlenrund wippen.

„Ich bin's", ruft sie.

„Komm herauf", sagt Stefan.

Flink wie ein Eichhörnchen klettert sie hoch. Stefan streckt die Arme aus. Schon hockt sie neben ihm.

„Es tut mir leid“, sagt Julia. „Du bist doch mein Freund. Aber nicht so, wie die Mirella es meint. Nicht ein Hochzeitsschmusefreund oder so. Ein normaler Menschen-Freund, mit dem ich ein Geheimnis haben kann. Da ist die Dose mit dem Foto von deiner Mama. Wir müssen es anderswo verstecken.“

„Du, in der Gruppenstunde, als du weggelaufen bist, da haben wir … da haben wir in der Kirche noch den Einzug geübt für die Erstkommunion. Es werden immer ein Bub und ein Mädchen nebeneinander gehen.“

„Mit wem bist du gegangen?“

„Mit niemandem. Die Hanna wäre mit mir gegangen. Sogar die Mirella. Aber ich bin allein gegangen.“

„Du, Stefan … Wirst du mit mir gehen?“

„Wenn wir wirklich wieder gut sind miteinander.“

„Ich will gern wieder mit dir gut sein … Also ausgemacht?“

„Ja.“ Sie klettern aus der Höhle, erst Julia, dann Stefan. Sie gehen miteinander in die Siedlung zurück. Julia begleitet Stefan bis zum Pfarrplatz. Vor der Konditorei sitzt Mirella unter einem gelb-weiß gestreiften Sonnenschirm und schreibt die Aufgabe. Immer, wenn jemand vorbeigeht, schaut sie hoch. Sie reißt die Augen auf, als sie Julia mit Stefan sieht. „Ich werd verrückt! Seid ihr wieder gut?“

„Ja“, sagt Stefan.

Mirellas Gesicht wird knallrot. Sie schaut Julia böse an und murmelt: „Ist ja mir egal.“

Mirellas Mama trippelt vorüber mit einem Tablett voller Eisbecher. Sie ruft: „Was seh ich? Frieden geschlossen, alle miteinander?“

„Ja“, sagt Stefan.

„Das freut mich“, sagt Mirellas Mama. Kaum ist sie weitergelaufen, streckt Mirella den beiden anderen die Zunge heraus. „Bäh. Ihr seid mir zu dumm, ihr Felsenkraxler.“

Julia zuckt die Schultern und geht weiter. Stefan läuft Julia nach. Sie gehen noch ein paar Schritte nebeneinanderher. Vor dem Pfarrhaus trennen sie sich. „Dann bis morgen!“

Julia schlendert den Zaun des Pfarrgartens entlang. Sie lugt durch die Ritzen und sieht den Pfarrer über die Wiese hin und her wandern. Er liest in einem weinroten Buch. Hinter ihm her spaziert die weiße Katze. Ihr Fell glänzt in der Sonne.

Julia steigt auf das steinerne Mäuerchen und winkt über die Zaunlatten. „Hallo, Herr Pfarrer!“

Er schaut auf, erkennt Julia und tritt an den Zaun.

„Herr Pfarrer, der Stefan und ich, wir sind wieder gut miteinander.“

„Das ist schön“, sagt der Pfarrer. „Danke, dass du es mir erzählt hast.“

Aus den Seiten seines Buches gleitet ein rotes Bändchen und baumelt im Wind.

„Vorsicht, Ihr Lesezeichen", sagt Julia. „Dass Sie die Stelle nicht verlieren."

„Die find ich schon wieder", murmelt der Pfarrer. „Da: Sei mir ein schützender Fels …"

„Ein was? Haben Sie *Fels* gesagt?"

Der Pfarrer lächelt. „Das kommt dir komisch vor, gelt? Es ist eine Zeile aus einem alten Lied. Wende dein Ohr mir zu, erlöse mich bald, sei mir ein schützender Fels … Damit ist Gott gemeint. Der Fels ist ein Zeichen für Gott."

„Ich bin baff", sagt Julia.

„Weißt du, im Alten Testament gibt es die Psalmen", erklärt der Pfarrer. „Das waren ursprünglich einmal Lieder, in denen Gott mit ganz verschiedenen Umschreibungen besungen wurde. Immer wieder wird Gott dort Fels genannt: Ich will dich rühmen, Herr, meine Stärke, Herr, du mein Fels … Auch Jesus hat diese Psalmen gebetet."

„Du mein Fels", wiederholt Julia staunend.

„Es ist ein Sinnbild, Julia. Weil ein Fels stark und sicher ist."

„Oh, ich versteh genau, wie die das meinen", sagt Julia und gähnt, weil sie auf einmal sehr müde ist. „Ihre Katze ist dicker geworden. Auf Wiedersehen!"

12

Es regnet in Strömen. Vor der Kirche gibt es eine Versammlung bunter Regenschirme. Darunter warten Mütter und Großmütter und ein Vater auf die Kinder.

Die sitzen in der Kirche vor der Tür mit der Aufschrift „Beicht- und Aussprachezimmer". Sie warten, bis sie an der Reihe sind.

Ab und zu öffnet Mirellas Oma das Kirchentor. Sie späht in das dämmrige dunkelgoldene Licht, kommt zurück und berichtet. „Jetzt ist Ihre Julia dran, Frau Malzer."

Julias Mama nickt. Sie berät mit Hannas zweitem Papa Mario, was man Ulli als Dank für ihre Mühe schenken kann. Die anderen Frauen mischen sich ein.

„Eine Riesentorte mit der Aufschrift: Unserer lieben Ulli."

„Ein Blumenstrauß würde auch genügen."

„Einen Gutschein, damit sie sich etwas Ordentliches zum Anziehen kauft. Wie die immer herumrennt!"

„Wie wär's mit zwei Theaterkarten für sie und ihren Freund?", fragt Mario freundlich.

„Was, so ein Aufwand?!"

„Ich besorge sie gern“, sagt Mario.

„Ts, ts, ts“, macht Mirellas Oma. „Ihre Julia ist noch immer dran, Frau Malzer!“

Julia beichtet. Sie sitzt dem Pfarrer gegenüber an einem kleinen Tisch und sagt: „Ich war nicht gut zu den Erwachsenen. Ich habe keine Geduld mit ihnen gehabt. Ich war nicht gut zu Stefan. Ich habe ihn verraten.“

„Das hast du aber schnell wieder gutgemacht“, meint der Pfarrer.

„Klar“, sagt Julia. „Ich war nicht gut zu .... Oje, jetzt haben Sie mich herausgebracht.“ Der Pfarrer wartet still.

„Vielleicht hätte ich doch einen Zettel schreiben sollen“, sagt Julia. „Also ... ich war nicht gut zu ...“

„Zu Mirella?“, schlägt der Pfarrer vor.

„Wie kommen Sie auf die?“, fragt Julia.

„Na, du hast ihr doch ... Hast du ihr nicht unlängst eine knallrote Ohrfeige gegeben?“

„Schon. Aber die beichte ich nicht.“

„Die beichtest du nicht?“

„Wir sollen ja nur beichten, was uns leidtut.“

Der Pfarrer schluckt. „Ich verstehe. Sonst noch was?“

„Jetzt ist es mir wieder eingefallen“, sagt Julia. „Ich war nicht gut zu Gott. Ich war böse auf ihn und habe mit ihm geschimpft.“

„Warum, Julia?"

„Wegen der toten Frau im Fernsehen. Und weil die Mama geweint hat. Und sonst noch wegen allerhand Sachen ..."

„Was war mit der toten Frau im Fernsehen?"

„Die ist von einer Granate getroffen worden samt ihrem Kind. Gott hat nichts dagegen getan. Und er kann doch alles."

„Julia", sagt der Pfarrer. „Ich denk mir auch oft: Warum lässt Gott das zu? Warum lässt er einen Menschen leiden? Warum gibt es Erdbeben, Überschwemmungen, Wirbelstürme?"

Julia schaut den Pfarrer neugierig an. „Schimpfen Sie dann mit Gott?"

„Ich habe ihm Vorwürfe gemacht", sagt der Pfarrer. „Bis mir eingefallen ist, dass ein Mensch mit seinem Menschenverstand nicht alles versteht, was Gott tut. Das Leid auf der Welt ... das ist ein Geheimnis. Es hängt mit unserer Freiheit zusammen. Gott will uns nicht als Marionetten behandeln. Du weißt schon, die Figuren, bei denen man an einzelnen Fäden zieht, und sie bewegen sich. Er hat uns die freie Wahl gelassen. Wir können und sollen selbst für Ordnung in der Welt sorgen. Wir wollen das auch, aber wir schaffen es oft nicht. Jedenfalls ist viel danebengegangen. Menschen können einander fürchterliche Dinge antun! Warum lässt Gott so viel Leid zu? Eine Antwort darauf ist schwer zu finden ... Seit langem schon mache ich mir eine Liste in meinem Kopf."

„Eine Liste?", fragt Julia.

„Ja, eine Liste mit Fragen: Warum ist mein Neffe im Auto verbrannt? Warum sterben unschuldige Kinder im Krieg? Warum liegt meine alte Haushälterin schon seit Jahren mit furchtbaren Schmerzen im Pflegeheim und kann nicht sterben? Lauter furchtbare Fragen!“

„Und was machen Sie mit dieser Liste?“

„Die werde ich Gott vorlegen, wenn ich ihm begegne, nach meinem Tod. Alles werde ich ihn fragen und er wird mir alles erklären.“

„Wird er das tun?“

„Ich glaub schon, denn dann werde ich die Zusammenhänge besser begreifen und werde nicht mehr so begriffsstutzig sein wie jetzt.“

„Aber haben Sie das nicht alles gelernt, als Pfarrer?“

„Ja schon, aber meine Augen und Ohren und mein Verstand sind in diesem Leben noch nicht fein genug. Ich werde das alles erst verstehen, wenn ich im Himmel bin.“

„So eine Liste ist keine schlechte Idee“, sagt Julia.

„Willst du noch etwas beichten?“

„Nein.“

„Gut. Nun habe ich eine Bitte an dich. Wenn du wieder einmal sagen willst: Ich hasse sie alle – sag stattdessen etwas anderes. Zum Beispiel: Die gehen mir alle unglaublich auf die Nerven. Ja? Hassen ist etwas ganz Ungutes, es macht den Menschen krank.“

„Unglaublich auf die Nerven … das merk ich mir bestimmt."

„Und noch etwas möchte ich von dir wissen: Fällt dir bei der Mirella irgendeine gute Eigenschaft ein?"

Julia wundert sich. Sie denkt eine Weile nach. „Na ja … dass sie beim Turnen nicht lacht, wenn einer ungeschickt ist."

„Und sonst?"

Julia zuckt die Schultern.

„Beobachte sie", sagt der Pfarrer. „Und wenn dir eine weitere gute Eigenschaft an ihr aufgefallen ist, komm und sag es mir."

Julia nickt und will aufstehen.

„Moment", ruft der Pfarrer. „Ich will dich segnen und lossprechen. So spreche ich dich los von deinen Sünden im Namen des Vaters und des Sohnes und des Heiligen Geistes."

„Amen", sagt Julia. „Das war eine gute Sache, unser Gespräch. Warum gibt es das nur bei der Beichte? Kann ich nicht einfach so in den Garten kommen und Sie was fragen?"

„Du kannst jederzeit kommen, ich werde mich freuen", sagt der Pfarrer und begleitet sie zur Tür.

„Na endlich, Julia!", sagt Mirella. „Du Arme! So viele Sünden!"

Der Zettel in ihrer Hand ist zerknittert und zittert leise.

Julia lässt Mirella zum Pfarrer hineingehen, macht die Tür zu und setzt sich in eine Bank. Sie überlegt, wie Mirella das gemeint hat: Du Arme. Hat sie gespottet oder sich wichtig gemacht oder ist sie einfach nur ein bisschen dumm oder hat ihr Julia wirklich leidgetan?

Ich weiß es nicht, denkt Julia. Ich weiß überhaupt nicht viel von Mirella, außer dass sie mir manchmal unglaublich auf die Nerven geht …

Julia winkt Ulli zum Abschied zu. Sie und die übrigen Tischmütter wollten eigentlich mit ihren Gruppen bei Kuchen und Orangensaft das Versöhnungsfest feiern. Aber beim letzten Elternabend haben sich die meisten Mütter dagegen ausgesprochen: „Besteht denn heutzutage die Vorbereitung hauptsächlich aus Essen und Trinken?!"

Vor der Kirche trifft Julia ihre Mama, wie sie gerade noch mit Mario spricht.

„Hallo Mama! Worüber redet ihr?" Julia möchte verhindern, dass ihre Mama gleich fragt, wie es bei der Beichte war. So muss sie zuerst auf ihre Frage antworten.

„Wir überlegen, ob wir nach der Erstkommunion nicht auch dem Herrn Pfarrer ein kleines Geschenk als Dankeschön und Erinnerung überreichen sollen", sagt die Mama. „Ein Buch vielleicht?"

„Ein Katzenklo", schlägt Julia vor.

„Julia, du bist wirklich unmöglich!"

Die Mama lächelt Mario an, als wolle sie sich für Julias Idee entschuldigen. Dann verabschieden sie sich. Die Mama breitet ihren Schirm über Julia aus. Gemeinsam gehen sie durch den Regen nach Hause. „Sauwetter, das! Aber kränk dich nicht, Julia, bis zum Sonntag ist es bestimmt wieder schön!“

„Die Erde riecht so gut, Mama. Riechst du es auch?“

„Meine Julia!", sagt Ich-bin-da, der Lebendige. „Sie hat eine besonders feine Nase und sie lernt sie zu gebrauchen. Fühlt ihr euch nun besser, meine Felder, meine Wiesen, meine Bäume, mein Moos auf dem Felsen?"
„Danke, viel besser!", ruft ein fröhlicher Chor. „Wir loben dich mit jedem nassen Halm, mit jedem feuchten Blatt, mit jedem aufgeweichten Krümelchen. Sei gelobt aus Wurzelgrund!"
„Alle meine Geschöpfe, seht, wie gut es ist zu sein!", sagt Ich-bin-da, der Lebendige.
„Von den Menschenkindern wollen es nicht alle sehen. Schade. Vielleicht ein anderes Mal?", fragt der heilige Respekt und funkelt wie goldenes Sonnenlicht aus jeder Pfütze.

13

In der prickelnden Kühle des Sonntagmorgens sitzt Julia in der kleinen Felsenhöhle und redet mit Jesus.

„Jesus, ich hab heute zum ersten Mal in meinem Dachkammerl schlafen dürfen. Obwohl das noch gar nicht fertig ist. Und die Claudia hat in ihrem geschlafen. Mit Schlafsack. Weil die Tante Lotte mit ihrer Familie im Kinderzimmer geschlafen hat. Und die Großtante Betti im Wohnzimmer. Bei uns geht es zu, sag ich dir! Ärger als bei den Bienen … In aller Früh ist der Xandi der Mama entwischt und zu mir heraufgeklettert und hat mich geweckt. Er hat es nicht mehr ausgehalten. Er hat mir sein Geschenk schon geben müssen. Eine Zeichnung, lauter bunte Kreise und zwischendrin zwei blaue Knödel. Ich hab ihn gefragt, was das ist. Und er, der Xandi, hat gesagt: dein Schutzengel. Er schaut auf dich, verstehst? *Verstehst* ist sein neuestes Wort. Ich hab die Zeichnung gleich an die Wand gehängt, mit einem Nagel, und der Xandi hat sich gefreut. Aber die Mama hat von unten geschrien: Wer hämmert da herum, mitten in der Nacht, zum Teufel, ich meine zum Kuckuck? Weiterschlafen, grässliche Bande! Weil ich aber nicht mehr hab schlafen können, bin ich leise auf und davon. Jesus, es ist so schön da. Dein lieber Papa hat alles schön gemacht, was? Sag ihm das von mir!“

He, das kannst du ihm auch selber sagen, schießt es Julia durch den Kopf.

„Lieber Gott, es ist alles schön da. Besonders mein Felsen. Ich muss jetzt heim und das Kommunionkleid anziehen. Hoffentlich schimpfen sie nicht mit mir, weil ich weg war. Amen.“

Sie klettert über die Föhrenäste, schwingt an jedem Ast hin und her und spürt ihre Kraft und Geschicklichkeit. Arme Mirella, die sollte klettern lernen! Der entgeht sonst etwas ganz, ganz Schönes!

Zu Hause wirbelt alles durcheinander. Julia schleicht in die Küche. Die Mama stürzt herein. „Um Himmels willen, ich kann den Xandi nirgends finden. Julia, hast du ihn gesehen?“

„Ja, in meinem Schlafsack.“

„Meine Nerven“, jammert die Mama und rast die Treppe zum Dachboden hinauf.

„Welche Krawatte soll ich nehmen?“, ruft der Papa aus dem Badezimmer.

Keinem in der Familie ist aufgefallen, dass Julia fort war! Und jetzt muss alles sehr schnell gehen:

Die Oma hilft Julia ins Kommunionkleid hinein. Tante Lotte steckt weiße und rosa Seidenblüten in Julias Haar. Die Mama hängt ihr als Geschenk eine zarte goldene Kette mit einem winzigen goldenen Kreuz um den Hals.

Der Papa fährt Julia zum Pfarrhaus, denn die Erstkommunionkinder müssen eine Viertelstunde früher da sein.

Im Pfarrsaal sind die meisten Kinder schon versammelt, stehen in Zweierreihe da und horchen den letzten Ermahnungen der Tischmütter zu. Langweilig ist ihnen trotzdem nicht. Denn die kleine weiße Katze hat sich eingeschlichen, hockt neugierig unter einem Tisch und miaut.

„Miaut nicht! Lasst den Unsinn, wenigstens heute!“, schreit Ulli. Die Kinder haben sie kaum erkannt, denn Ulli trägt einen weißen Hosenanzug. Sie ist sehr aufgeregt. „Der David fehlt uns noch!“

Mirella hüpft in ihrem langen weißen Kleid von einem Bein aufs andere.

„Geh jetzt noch aufs Klo, nachher ist keine Zeit!“, ruft Ulli.

„Ich muss nicht! Der David ist nur nicht da!“, jammert Mirella. „Und ich brauch ihn doch zum Einzug!“

Hanna zeigt Julia das Geschenk, das sie von ihrem Vater bekommen hat: ein goldenes Armband mit drei Anhängern, einem Kreuz, einem Anker und einem Herz. „Das bedeutet Glaube, Hoffnung und Liebe, hat die Mama gesagt …“

„Ist dein Vater gekommen?“, fragt Stefan.

Hanna strahlt. „Ja, heute feiere ich mit beiden Papas. Toll, nicht?“

Stefan nickt still.

Draußen fängt die Blasmusik zu spielen an.

David ist noch immer nicht da. „Soll ich telefonieren?“, fragt Ulli. „Oder Alex mit dem Auto hinschicken? Ich versteh das nicht. Gestern bei der Probe in der Kirche war er auf die Minute pünktlich …“ Sie eilt hinaus.

Mirella dreht sich in ihrem schönen langen Kleid. „Mein Papa wird alles filmen …"

„Meine Taufpatin auch", sagt Hanna.

„Mein Papa fotografiert", wispert Tarek und bekommt einen roten Kopf. „Hauptsächlich den Einzug und den Auszug und nachher das Frühstück im Pfarrgarten."

Der Pfarrer kommt mit den Ministranten, um die Kinder abzuholen. Die Torflügel stehen weit offen. Vom Kirchenplatz herein flutet das Sonnenlicht. „Können wir?", fragt der Pfarrer fröhlich.

„Nein", quietscht Mirella. „Wir warten auf den David und auf die Ulli!"

Der Pfarrer schaut auf die Uhr. Sie warten. Die Blasmusik spielt einen Marsch. Endlich taucht Ulli mit ihrem Freund Alex auf. „Herr Pfarrer, der David kommt nicht!"

„Ist er krank?"

„Er ist gesund. Aber …", Ulli holt tief Atem. „Herr Pfarrer, das darf alles nicht wahr sein! Also, Alex ist hingefahren, hat den großen Bruder vom David herausgeläutet. Stellen Sie sich vor: David kommt nicht! Er ist mit seinen Eltern bei einem Autorennen. Sie haben irgendwie plötzlich Karten bekommen und weil ihnen die Erstkommunion nicht so wichtig ist, sind sie lieber dorthin gefahren! Ich …"

„Das arme Kind", sagt der Pfarrer. Sein Gesicht sieht auf einmal gelb und verrunzelt aus. Die Katze miaut.

„Es ist halt jeder anders arm …“, brummt Tarek.

Stefan nickt ein paarmal.

Mirella hat gehört, was Ulli erzählt hat. Sie fängt zu heulen an. „Ich will nicht allein einziehen!“

„Du kannst mit der Hanna und dem Tarek zu dritt gehen“, sagt Ulli.

„Nein!“, wimmert Mirella. „Der Tarek passt nicht zu mir mit seiner Wolljacke.“

Julia schaut Tarek an. Erst jetzt fällt ihr auf, dass Tarek nicht wie die anderen Buben einen Anzug trägt, sondern eine dunkle Jacke zu einer hellgrauen Hose.

„Mirella, mir reicht’s. Geh allein!“, schreit Ulli.

Mirella schluchzt laut.

Hanna hat die rettende Idee. „He, trag doch die Gruppenkerze voran, dann fällt keinem auf, dass du allein gehst.“

„Das ist eine gute Idee. Mirella, würdest du das für uns machen?“, der Pfarrer blickt das verheulte Mädchen aufmunternd an. Mirella nickt.

„Danke, Hanna“, flüstert der Pfarrer.

Der Zug setzt sich in Bewegung. Eine Gruppe nach der anderen marschiert auf den Platz hinaus, begrüßt von der Blasmusik. Mirella geht mit feierlichen Schritten und trägt die Kerze in beiden Händen. „Mein Gott, wie süß!“, sagt eine Frau.

Julia lässt Mirella zehn Schritte Vorsprung, dann geht sie mit Stefan in einem deutlichen Abstand hinterher, obwohl

Ulli ihnen immer wieder „Anschließen, bitte!“ zuruft.

Die beiden Kirchentore sind mit Reisig und weißem Flieder geschmückt. Die Erwachsenen haben Kameras und Handys gezückt, fotografieren und filmen.

„Tarek, schau her!“, schreit ein Mann. „Depperter Bua, kannst net lachen?“

Die Kinder ziehen in die Kirche ein. Die Orgel rauscht auf wie ein Sturm. Stefan bleibt mit einem Ruck stehen.

„Was ist?“ Julia schaut Stefan an. Er lacht mit den Augen.

„Meine Mama ist da“, sagt er.

Julia dreht den Kopf. Sie erkennt Stefans Mama sofort, obwohl sie auf dem Foto noch schöner ausgesehen hat. Die schmale blonde Frau im schwarzen Kostüm steht ganz hinten in der Kirche neben dem Eingang. Sie trägt ein Päckchen in der Hand und einen Blumenstrauß, aus winzigen rosa Rosen, Maiglöckchen und Vergissmeinnicht in einer gekräuselten Papiermanschette.

Ganz nahe gehen die Kinder an ihr vorbei. Stefan zwinkert ihr zu, sie lächelt. Jetzt, denkt Julia, sieht sie aus wie auf dem Bild.

„Weitergehen!“, zischt Ulli.

Julia möchte am liebsten „Juhu!“ schreien. Sie spürt, wie Stefan neben ihr sich freut. Ihr kommt vor, als sei Stefan ein kleiner Ofen, der Wärme ausstrahlt. Welle auf Welle wogt Stefans Freude über Julia. Ihr wird ganz heiß.

Die Kinder singen. Julia hat den Text vergessen. Sie singt einfach „juhu, juhu, juhu, juhu“ zur Melodie.

„Juhu, meine Julia!", jubelt Ich-bin-da. „Wie schön, dass sie spürt, dass man auch meine *Freude* teilen kann. Sie spürt es vom Kopf bis zu den Zehenspitzen."
Die Engel schwirren und brausen wie ein unendlicher goldener Bienenschwarm in den Weiten der Himmel.

Julias Schutzengel sagt zu Ich-bin-da: „Die Feier rauscht an Julia vorbei wie ein kräftiger Mairegen.
Statt Herr-erbarme-dich-unser und Ehre-sei-Gott-in-der-Höhe bringe ich dir lauter Juhu-Rufe."
Ich-bin-da lacht. „Wir sind mit Juhu sehr zufrieden. Sie wächst mit jedem Juhu. Später einmal wird sie mit uns reden wie unter Freunden."

„Hab Nachsicht!", ruft der Schutzengel des Orgelspielers. „Statt zu deinem Lobpreis zu spielen, verwünscht er die Leute, weil sie den Takt nicht halten. Nimm meinen Lobpreis statt des seinen!"

„Hab Mitgefühl!", ruft der Schutzengel des Pfarrers. „Du weißt, wie gut Sebastian seine Predigt vorbereitet hat, nächtelang! Über Gemeinschaft und Vertrauen wollte er sprechen. Im Augenblick redet er ohne Schwung, aus lauter Kummer um David. Hilf ihm!"

„Hab Geduld!", ruft Davids Schutzengel. „Wir schauen den Rennautos zu, das gefällt meinem David ganz gut. Er hat keine Sehnsucht nach der Feier in der Kirche. Aber nach den Kindern der Ulli-Gruppe hat er Sehnsucht! Das heißt, er hat Sehnsucht nach Gemeinschaft mit dir!"

„Hab Mitleid!", ruft Ullis Schutzengel. „Sie meint, dass sie ihre Arbeit nicht gut genug gemacht hat. Sie ist enttäuscht von Davids Eltern und von Mirella und von sich selber. Sie wünscht sich nur noch eins: dass das Fest vorüber ist und sie ihrem Freund in die Arme fallen kann. Ich werde dafür Sorge tragen, dass sie's tut! Sie braucht ganz starken Trost!"

„Hab Nachsicht!", bittet Mirellas Schutzengel. „Sie hat die Gedanken nicht bei dir. Von der Kerze sind farbige Wachstropfen auf das teure Kleid gefallen. Jetzt fürchtet sich Mirella vor dem Tadel der Oma."

„Da, Hannas Gebet!", ruft Hannas Schutzengel. „Du sollst machen, dass ihre beiden Papas sich weiterhin gut vertragen!"

„Da, Stefans Gebet!", ruft Stefans Schutzengel. „Du sollst machen, dass seine Oma erstens genügend Schnitzel vorbereitet hat und zweitens auch Lust hat, die Mama zum Essen einzuladen."

„Hab Nachsicht!", schreit Tareks Schutzengel. „Mein Tarek wartet nur noch darauf, dass die ganze Erstkommunion vorüber und zuhause wieder Ruhe ist. Du weißt, dass sein Vater jedes Mal, wenn Tarek von der Gruppenstunde kam, gehöhnt und geschrien hat: Na, was hat euch der Pfarrer denn wieder für einen blöden Schwachsinn über den Gott erzählt? Es gibt keinen Gott … Sie haben Tarek der Uroma zuliebe zur Vorbereitung geschickt. Halt ihnen das zugute! Aber Tarek weiß nicht, wem er glauben soll. Keinem Kind ist heute so elend zumute wie ihm und keiner der Anwesenden hat eine Ahnung davon."

Der Schutzengel von Stefans Mama jubelt: „Sie war so lang in keiner Messe mehr. Aber sie bemüht sich zu verstehen … Juhu, ich tanze vor Freude. Sie glaubt, dass du es gut mit Stefan meinst. Sie hofft, dass es zwischen dir und ihr und Stefan eine unzerreißbare Verbindung gibt!"

„Hab Geduld mit allen, die sich über uns aufregen werden", schnauft der Engel der kleinen weißen Katze. „Jetzt ist es ihr doch gelungen, sich in die Kirche einzuschleichen! Wir hocken da hinter dem Blätterstock zu Füßen des heiligen Antonius. Ihre Nase sagt ihr, dass ihr Sebastian da ist, ganz nahe, gleich hinter den ärgerlichen Weihrauchwolken."

„Ich bin da", singt Ich-bin-da, „für euch alle, mit euch allen." „Immer, immer", sagen die heilige Nachsicht und die heilige Hoffnung wie aus einem Mund. Eng aneinandergeschmiegt leuchten sie aus dem dunklen Kirchenwinkel wie zwei goldene Katzenaugen.

Im Pfarrgarten sind für Kinder und Erwachsene Tische und Bänke aufgestellt. Es gibt Brötchen, Apfelsaft und Wein, Kaffee und Kuchen. Die Stimmung wird von Minute zu Minute fröhlicher. Die Fotografen haben alle Hände voll zu tun.

Auch Ullis Freund fotografiert. Er fotografiert vor allem diejenigen, von denen sonst keiner Bilder machen will. Zum Beispiel von Stefan und seiner Mama.

„Warten Sie!", ruft Julia. „Ich will mit aufs Bild! Und der Herr Pfarrer auch, nicht wahr, Herr Pfarrer?" Sie stellt sich neben Stefan, der Pfarrer stellt sich neben Stefans Mama.

Im Schatten eines Apfelbaums sitzen Stefans Großeltern und schauen von Weitem zu. „Ich geh kochen", brummt die Oma. „Komm mit!"

„Nein, ich bleibe noch“, sagt der Opa.

Julias und Hannas Familien sitzen rund um einen langen Tisch. Xandi streichelt die kleine weiße Katze. Er will wissen, wie sie heißt. Mario fragt Ulli danach. „Keine Ahnung“, sagt Ulli im Vorüberlaufen. „Wir sagen nur immer Pfarrerskatze zu ihr.“

Der Pfarrer geht von Tisch zu Tisch und trinkt an jedem Tisch ein Schlückchen Wein. Er lächelt Mario an und sagt: „Im Namen der Eltern wurde mir ein Geschenk überreicht, für das ich mich herzlich bedanken möchte.“

„Gefällt Ihnen das Buch über die Päpste im Laufe der Kirchengeschichte?“, fragt Julias Mama vergnügt.

„Das Buch … äh, das Buch über die Päpste ist ganz großartig … Aber auch das zweite Geschenk, so eine schöne Überraschung, und so praktisch. Danke vielmals!“

Als er schon wieder weitergegangen ist, fragt Hannas Mutter erstaunt: „Das zweite Geschenk? Hast du noch etwas dazu gepackt zum Buch, Mario?“

„Ja, ein Katzenklo. Ich hatte das Gefühl, dass die Julia ihren Vorschlag damals ganz ernst gemeint hat.“

„Ein Katzenklo! So etwas Kirchenfremdes!“ Julias Oma schüttelt empört ihren Kopf.

Hannas Mutter flüstert Mario etwas zu. Er schaut neugierig auf und geht über die Wiese zu Stefans Mutter. „Setzen Sie sich zu uns?“ Sie nickt erfreut und bedankt sich.

Mario geht weiter zum Apfelbaum. „Setzen Sie sich doch zu uns“, sagt er zu Stefans Opa. „In unserer Runde gibt es viel zu wenige Großväter!“

Stefan und Julia sitzen im Gras. „Du musst unbedingt zu mir kommen und anschauen, was mir der Opa geschenkt hat!“, flüstert Stefan. „Es steht mitten im Garten auf einem Pfahl. Das errätst du nie im Leben.“ Seine Augen funkeln fröhlich. „Ein Beobachtungskasten für Bienen. Man macht die Holzfenster auf und sieht hinter Glas zwei Waben und die Bienen, was sie alles treiben. Einfach toll! Am liebsten möchte ich die ganze Gruppe zu uns einladen.“

„Kannst du ja!“, sagt Julia. „Laden wir zuerst einmal die Hanna und den Tarek ein.“

„Ausgemacht?“

„Ausgemacht. Weißt du, wenn ich so zurückdenk an die letzten Wochen vor der Erstkommunion, dann fällt mir viel ein, was ich so erlebt hab. Aber wenn mich jemand fragen würd, wonach sie geschmeckt hat, diese Zeit, wärs ein Löffel Honig.“

Nachwort zur überarbeiteten Neuauflage

Die Vorbereitung von Kindern auf die Erstkommunion (genauer gesagt auf die Kommunion, denn eigentlich geht es ja nicht um das einmalige Ereignis der Erstkommunion, sondern um die hoffentlich vielen weiteren Male des Kommunionempfangs) steht in einem enormen Spannungsfeld. Komplexe theologische Inhalte wie Transsubstantiation wollen vermittelt werden, und das an eine Zielgruppe, die noch sehr dem konkreten kindlichen Denken verpflichtet und mit den Grundlagen des Glaubens nicht unbedingt sehr vertraut ist.

In der pastoralen Praxis in den Pfarren wird dieses Spannungsfeld mit viel Engagement und Kreativität gemeistert – etwas, das sich in der Kinderliteratur zu diesem Thema leider noch selten findet.
Im Tyrolia-Verlag war seit Langem der Wunsch vorhanden, wieder einmal ein in Bild und Text ansprechendes Buch zu diesem Thema neu zu konzipieren. Bei den Überlegungen dazu tauchte immer wieder ein Buch von Lene Mayer-Skumanz auf: *Ein Löffel Honig*. Obwohl dieser Text schon einige Jahre alt ist, darf er weiterhin als ein herausragendes Beispiel in diesem Bereich gelten, das kindlichen Alltag und theologische Dimensionen gelungen zusammenführt.

So entstand die Idee, das Rad nicht neu zu erfinden, sondern vielmehr diesen Text behutsam zu überarbeiten:
Seit seinem erstmaligen Erscheinen im Jahr 1993 hat sich in der Kirche und in der Gesellschaft einiges verändert. Manche dieser Veränderungen, die die Handlung nicht zentral betreffen, wurden in den Text eingebaut: Musik wird heute nicht mehr mit dem Walkman, sondern eher mit dem Handy gehört, die Mini-ZIB (eine speziell für Kinder gemachte Nachrichtensendung im österreichischen Fernsehen) gibt es schon lange nicht mehr. Auch in der Art und Weise, wie Kinder auf die Erstkommunion vorbereitet werden, hat sich viel getan. Da jedoch die Vorbereitungsstunden ein wesentliches Element der Geschichte sind, wurde hier auf weitreichende Änderungen verzichtet:
Auch wenn manche Begriffe, über die mit den Kindern dabei diskutiert wird, mittlerweile etwas ungebräuchlich erscheinen mögen, sind die grundlegenden theologischen Fragen dahinter doch gleich geblieben – wie etwa jene nach der Schuld oder dem Bösen in der Welt.

Eine der erzählerischen Besonderheiten von *Ein Löffel Honig* ist der Kunstgriff, dass in die erzählte Handlung immer wieder in kurzen Passagen Gottes Stimme eingeblendet wird. Diese göttliche Perspektive wurde im ursprünglichen Text mit der theologisch fundierten, aber beim Lesen etwas sperrigen Abkürzung IBD-IBME, für „Ich-bin-da – ich-bin-mit-euch" markiert.
Hier wurde in der Neuauflage ein anderer Weg gegangen, inspiriert von der *Bibel in gerechter Sprache*. Dort wird in der Einleitung zur Taschenausgabe formuliert, dass Gott im Alten Testament einen Eigennamen hat, der jedoch nicht ausgesprochen wird, und mit dem Tetragramm j-h-w-h wiedergegeben werden kann. Im Text der *Bibel in gerechter Sprache* werden alternativ dazu am Seitenrand verschiedene Lesevorschläge gegeben, welcher Gottesname jeweils gelesen werden könnte, z. B. der/die Ewige, der Name, die/der Lebendige, Ich-bin-da, die/der Eine, die/der Heilige.

So wird Einheit und Vielfalt biblischen Redens von Gott Ausdruck verliehen, aber auch deutlich gemacht, dass jede Übersetzung ein kommunikatives Geschehen ist. Es geht nicht darum, „die biblische Rede von Gott dem je eigenen Geschmack anzupassen" (*Bibel in gerechter Sprache* – Taschenausgabe. Gütersloher Verlagshaus 2006, Seite 25), sondern Vielfalt ohne Beliebigkeit zu ermöglichen.

In den religionspädagogischen Kontext der Kommunionvorbereitung übersetzt könnte das heißen: Auch wenn es darum geht, den Kindern sozusagen die „Basics" des gemeinsamen katholischen Glaubens zu vermitteln, gilt es auch, ihren Blick für die vielfältigen Arten zu schärfen, in denen Menschen von und mit Gott sprechen. Wie die *Bibel in gerechter Sprache* unterschiedliche Gottesnamen als Lesevarianten anbietet, werden also auch in der neuen Fassung von *Ein Löffel Honig* in den „göttlichen" Erzählpassagen verschiedene Bezeichnungen für Gott, die im Kontext der Geschichte besonders passend erscheinen, eingesetzt. So werden Kindern (und vorlesenden Erwachsenen) unterschiedliche Perspektiven auf Gott ermöglicht.

Kathrin Wexberg